S0-CQP-305

¡Vámonos al cine!

Short Movies for Spanish Conversation

¡Vámonos al cine!

Short Movies for Spanish Conversation

MARIA DAVIS

Emory University

cognella®

SAN DIEGO

Bassim Hamadeh, CEO and Publisher
Seidy Cruz, Acquisitions Editor
Gem Rabanera, Project Editor
Berenice Quirino, Associate Production Editor
Emely Villavicencio, Senior Graphic Designer
Trey Soto, Licensing Coordinator
Lisa Buckley, Interior Designer
Natalie Piccotti, Director of Marketing
Kassie Graves, Vice President of Editorial
Jamie Giganti, Director of Academic Publishing

Copyright © 2020 by Maria Davis. All rights reserved. No part of this publication may be reprinted, reproduced, transmitted, or utilized in any form or by any electronic, mechanical, or other means, now known or hereafter invented, including photocopying, microfilming, and recording, or in any information retrieval system without the written permission of Cognella, Inc. For inquiries regarding permissions, translations, foreign rights, audio rights, and any other forms of reproduction, please contact the Cognella Licensing Department at rights@cognella.com.

Trademark Notice: Product or corporate names may be trademarks or registered trademarks and are used only for identification and explanation without intent to infringe.

Cover image copyright© 2017 iStockphoto LP/SrdjanPav.

Printed in the United States of America.

cognella® | ACADEMIC PUBLISHING
3970 Sorrento Valley Blvd., Ste. 500, San Diego, CA 92121

BRIEF CONTENTS

TABLE OF CONTENTS

ACKNOWLEDGMENTS

I would like to express sincere gratitute to the wonderful team of Cognella Publishing. Thank you Pepe and Encarna for always supporting and encouraging me to be the best I can be.

PREFACE

VISION: WHY A BOOK ON SHORT MOVIES FOR SPANISH CONVERSATION?

After teaching Spanish conversation courses for 18 years, I noticed that students love audiovisual arts and technology. They are very interested in movies and talking about them, but they do not have time to watch them outside of class and doing it in class is too time consuming. That's why, a course that uses short movies for conversation will be very successful. Since, there was no short movie for conversation text book available in the market, I decided to write one and use it with my students.

Instructors face the challenge that students are not willing to speak in public in a foreign language unless the topic and the approach to the topic motivate them. The fact that this book departs from an audiovisual element creates interest among students. Another major motivator is that there is a great variety of topics covered and each class is very different, which keeps students attention and motivation.

ADVANTAGES OF THIS BOOK

1. It allows students and instructors to view the short movies in class versus trying to find time to view the movies out of class or wasting the whole class time and half of another class period to show a movie.
2. Students will be able to talk about a different short movie every day, which will keep their interest.
3. The amount of activities per lesson is just right for a 50-65 minute class that meets three times a week.
4. This book covers vocabulary, culture and topics that interest students nowadays, which makes the book perfect for a Spanish conversation course in the intermediate level.
5. The fact that it is the only conversation book through cinema that also reviews grammar, makes it very well rounded.
6. The pictures, articles and selection of short movies make the book very attractive to students.

AUDIENCE

This is an intermediate level Spanish course (Span 212) meant for students who have previously taken Spanish classes up to level 202.

This book is positioned for use by Universities, Colleges, and High Schools.

The students who will typically take this course will be high school, college or university level students. They could be both majors and non-majors in Spanish. Students have to have taken Spanish 101, 102, 201 and 202 before they take this course. The prerequisite is the same in all schools.

FORMAT

The book can be made available both online and print to students.

The course is intended to improve Spanish conversation. In addition, it will help students:

1. Learn New Vocabulary
2. Review Grammar
3. Understand Hispanic Culture
4. Understand Hispanic History
5. Understand Social Habits in the Hispanic World

Unique characteristics
Due to the fact that this book covers a wide range of topics, it will be current for a very long time. Nevertheless, you could change some topics if they are not relevant in the future.

Environment
Through this textbook, students will have to use their critical thinking skills by making predictions about the short movies they are going to watch in class. For example, they will have to predict the topic of the movie or the end of the movie by looking at the title, the poster of the movie or the beginning scenes of it. Students will develop their oral communicative skills in Spanish by answering questions about themselves and the movies and by participating in debates. They will improve their listening skills by watching short movies from several different countries. They will learn new vocabulary and review Spanish grammar so they can increase their oral fluency in the language. They will develop their artistic side by completing a final project in which they will pick one of the topics covered in class and create a short movie to be presented to the rest of the students in the classroom or in a Film Festival.

Overall experience
The students read the new vocabulary, and answer preliminary questions about themselves or make predictions about the movie they are going to watch. Then, they answer questions about the movie and express their opinion about it. Afterwards, they read an article that expands on the topic covered that day and they answer

questions about it. After that, they review one grammatical aspect of the language related to the movie. Finally, they create their own dialogues and perform a scene of the movie or participate in a debate about the topic or topics covered that day in class.

Learning elements

The book will have the following sections:

1. *Vocabulario útil*
   This section includes words that appear in the short movie and words that will be useful for the discussion.

2. *Antes de ver el corto*
   This section includes personal questions related to the topics to be covered in the short movie or critical thinking questions to predict what will happen in the movie.

3. *Después de ver el corto*
   This section includes questions about comprehension and the topics covered in the movie.

4. *Práctica gramátical*
   This section includes one grammatical aspect per chapter that is related to the movie. It includes a review chart or explanation of the grammatical point.

5. *Nota cultural*
   This section is meant to expand on the topic covered by the short movie. It's purpose is to reinforce the comprehension of the topic. It has questions at the end of this section in order to assess reading comprehension and to further promote oral discussion about the topics mentioned in the movie.

6. *Y ahora tú*
   This section is meant to promote creativity and oral fluency. It could consist of a debate, a recreation of a movie scene in a dialogue form or an interactive activity to review grammar.

After teaching conversation for many years, I have realized that the activities mentioned above are the ones that students like the most and the ones that encourage them to want to communicate in the target language. The amount activities per lesson is perfect for a 50-65 minute class that meets three days a week. My classes have proven to be very successful, which is shown in the fact that I have consistently received great evaluations from my students.

Customization

This book can be used in a traditional class or as an online course as long as the teacher (or teacher and students if an online course) has access to a computer, a screen/projector and internet connection. All the short movies can be accessed through youtube.com or vime.com.

Online supplementary material

Students have the option of buying the supplementary material online. This material consists of:

1. **Flashcards and games** to practice the vocabulary of the short movies shown in class. Students can also review the vocabulary of the readings that are included in each chapter.
2. **Quizzes** to review the vocabulary, grammar, listening comprehension of the short movies, reading comprehension of the texts and the understanding of the cultural aspects of the lesson.

Visuals

Each lesson is well balanced between text and pictures to make the book attractive to students. Each of the chapters will start with the title and poster of the movie. Then, a vocabulary section, which is text only, followed by a section called "Antes de ver la película". Sometimes that section will have pictures depending on the lesson. Afterwards, there will be a section titled "Después de ver la película" that may or may not have pictures depending on the lesson. The section called "Práctica gramatical" sometimes has pictures and sometimes it does not. The section "Nota cultural" always has pictures. The last section titled "Y ahora tú" normally does not have pictures.

Each chapter is done so there is a balance in the amount of graphics used to make sure it is visually appealing to the reader.

VOCABULARIO ÚTIL PARA HABLAR DE CINE

ACTOR m **ACTRIZ** f	persona que actúa en la película
AL PRINCIPIO / AL FINAL m	en la primera escena / en la última escena
ANUNCIO m	video corto con el fin de vender un producto al público
ARGUMENTO m	lo que ocurre en la película
BANDA SONORA f	grabación de música de la película
BASADO/A EN UNA HISTORIA REAL	está conectado con la realidad
CINEASTA m/f	la persona que hace una película
CORTOMETRAJE m	película con duración de menos de 30 minutos
CRÍTICA f	la opinión de un espectador
DESENLACE m / **RESOLUCIÓN** f	momento final de una película cuando resuelve feliz, trágicamente o con un final abierto.
DOBLAR m	sustituir de la voz de actores con otra lengua
ESCENA f	parte específica que se puede describir de la película
ESCENARIO m	Lugar o ambiente donde se desarrolla una acción o un acontecimiento (Nueva York, el bosque...)
ESPECTADORA/OR f/m	persona que ve la película
ESTRELLA DE CINE f	una persona que es famosa por actuar en una película
ESTRENAR UNA PELÍCULA	mostrar una película por primera vez al espectador
ÉXITO DE TAQUILLA m	descripción de película que gana mucho dinero
GÉNERO m	forma de clasificar las películas por su temática o estilo
GUIÓN m	narración, diálogos, descripción de personajes y escenarios
HACER EL PAPEL DE	interpretar a un personaje en la película
LARGOMETRAJE m	película de duración superior a 60 minutos
MEDIOMETRAJE m	película con duración entre 30 y 60 minutos
MONTAJE m	proceso de elegir, cortar y pegar los diferentes trozos de película
PANTALLA f	donde se proyectan imágenes

PERSONAJE (PRINCIPAL) f/m	persona que aparece en la película (persona que sale más en la película)
PROTAGONISTA f/m	personaje central
REPARTO / ELENCO m	grupo de actores en la película
RODAR	filmar
SECUELA f	película que continúa el argumento de una película anterior
SUBTÍTULOS m	traducción escrita en otra lengua de lo que dicen los personajes y que aparece en la pantalla
TEMA m	idea central
TENER LUGAR	donde ocurre
TRÁILER m	el anuncio de una película con escenas breves para promover la película
TRATARSE DE	ser sobre

La influencia de las nuevas tecnologías en las relaciones personales

In this chapter, students will discuss how new technologies affect family relationships, love relationships and friendships. Students will learn vocabulary about technology and will review the grammar indicated in each chapter below. There will be an article after each lesson that expands on the subject. The purpose of this section is to make students familiar with the vocabulary used to talk about social media and to encourage them to reflect on their use of technology and how it affects the world around them. They will also learn about the use of technology in the Hispanic world.

Figure Credit
Fig. 0.1: Copyright © 2014 Depositphotos/AntonioGuillemF.

Yo tb tq
La comunicación es más que palabras mal escritas

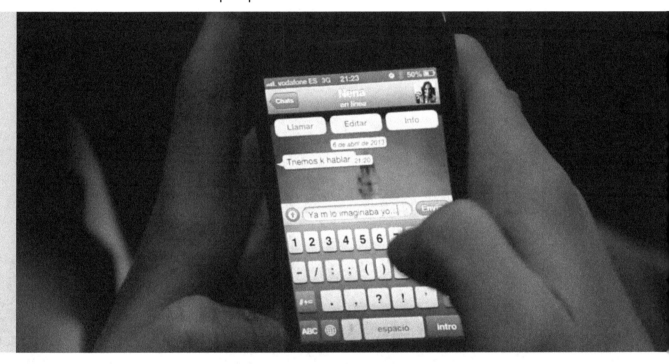

VOCABULARIO ÚTIL

cambiar: to change
no tener sentido: to not make any sense

raro/a: weird, strange
estar seguro/a: to be sure
dejar a alguien: to dump someone

ANTES DE VER EL CORTO

En parejas (in pairs), contesta a las siguientes preguntas:

1. ¿Cuántas horas usas el teléfono para mandar mensajes de texto?

CORTO-
METRAJE

Haz clic en el hipervínculo para acceder al video o usa tu teléfono celular para escanear el código QR para acceder al video:

Gramática: Las palabras afirmativas y negativas

https://www.youtube.com/watch?v=Zf-YtUuYCDE

2. ¿Prefieres hablar por teléfono o mandar mensajes de texto?

3. ¿Qué otros usos le das a tu teléfono?

4. ¿Crees que las relaciones con los demás son diferentes en persona que por teléfono? ¿Cómo?

5. ¿Qué ventajas y desventajas tiene el uso del teléfono?

DESPUÉS DE VER EL CORTO

Discute los siguientes aspectos del corto con un compañero:

1. ¿Qué diferencia hay entre la interacción de la primera pareja y la de la segunda?

2. ¿Qué otros problemas puede tener la interacción sólo a través de mensajes de texto?

3. ¿Has tenido algún malentendido porque no interpretaste bien un mensaje de texto?

4. ¿Le has mandado un mensaje de texto a la persona equivocada alguna vez?

PRÁCTICA GRAMATICAL

Completa el diálogo usando las siguientes *palabras afirmativas y negativas*:

jamás, tampoco (2), nunca, no (3), nadie (2), alguien, ni (2).

*Recuerda, si la oración es negativa, siempre tiene que haber una palabra negativa delante del verbo conjugado, si pones una palabra negativa detrás del verbo, tienes que poner la palabra "no" delante del verbo también. Ej. *Nunca* como pescado/*No* como pescado *nunca*.

- Tenemos que hablar.
- Estas rara.
- Tú _____estás como antes.
- Ya _____ me miras igual. ¿a quién miras ahora?
- _____ miro a _____.
- Dime la verdad, ¿estás con _____?
- No, _____ estoy con _____.
- Pero tú ya _____ me dices cosas bonitas.
- _____ tú a mí _____.
- _____ me compras flores _____ me dices que me quieres.
- ¿Me quieres dejar?
- No, yo te quiero.

Y AHORA TÚ

En parejas, escriban un diálogo entre una pareja que se echa en cara (discute sobre) los problemas de su relación y represéntenlo delante del resto de sus compañeros.

_____

_____

_____

_____

_____

_____

_____

_____

_____

_____

_____

Vocabulario útil de la nota cultural

pareja: couple

una ruptura: a break up

construir: to build

es de preocupar: it is worrisome

ventajas: advantages

desventajas: disadvantages

¡sorpréndete!: get ready to be surprised!

dañar: to damage

malentendidos: misunderstandings

mensaje: message

preocupación: worry

demorarse: to take too long to do something

temor: fear

ocupado: busy

corazón: heart

plática: conversation

dar la cara: to face the consequences

rechazados: turned down

consejo: advice

herramienta: tool

con mesura: carefully

uso: use

¡no dejes que el impulso te gane!: control your impulses! control yourself!

reglas de oro: golden rules

correo electrónico: email

evitar: to avoid

NOTA CULTURAL

Lee el siguiente texto sobre los efectos de la tecnología en la relación de pareja.

Haz clic en el hipervínculo para acceder al artículo o usa tu telefono celular para escanear el código QR para acceder al artículo:

https://www.salud180.com/salud-dia-dia/3-efectos-de-la-tecnologia-en-tu-relacion-de-pareja

En grupos de tres contesten las siguientes preguntas sobre el texto:

1. ¿Qué te parece el contenido del artículo?

2. ¿Estás de acuerdo con lo que se dice?

3. ¿Qué te parecen los consejos del texto para usar la tecnología?

4. ¿Se te ocurren otros consejos? Usa el *imperativo informal* para dar 5 consejos más para que el uso del móvil no arruine tu relación de pareja. Mira el siguiente cuadro para repasar el uso de este tiempo verbal.

TABLE 1.1 Los mandatos informales

Se usa la **3ª persona singular del presente indicativo** para formar los mandatos afirmativos y la **2ª persona (tú) del presente del subjuntivo** para formar los mandatos negativos.

	Afirmativo	Negativo
Singular (tú)	¡Habla! ¡Come! ¡Ven! (venir)	¡No hables! ¡No comas! ¡No vengas! (venir)

As you can see with "venir", there are common irregular informal affirmative commands. Here is a list to remind you of them. Note that the negative commands are not irregular—they follow the rule of using the "tú" form of the present subjunctive.

	Afirmativo	Negativo
Decir	di	no digas
Hacer	haz	no hagas
Ir	ve	no vayas
Poner	pon	no pongas
Salir	sal	no salgas
Ser	sé	no seas
Tener	ten	no tengas
Venir	ven	no vengas

Source: http://acceso.ku.edu/gramatica/unidad6/mandatos.shtml
*If you have a pronoun, you need to put it before the negative command or attach it to the affirmative command. Ej. No **lo** saques/ Sáca**lo**.

5. Debate: Sí o no a la tecnología en las relaciones de pareja. El profesor va a dividir la clase en dos. Un grupo va a defender la postura del no al uso del móvil y otros aparatos electrónicos en la pareja y el otro grupo va a defender la postura del sí. Para ayudarte en el debate, primero escribe las ventajas y desventajas del uso del móvil en la relación de pareja.

Figure Credits
Fig. 1.1: Source: https://www.youtube.com/watch?v=Zf-YtUuYCDE.
Fig. 1.2: Source: https://www.youtube.com/watch?v=Zf-YtUuYCDE.
Fig. 1.3: Source: https://www.youtube.com/watch?v=Zf-YtUuYCDE.
Fig. 1.4: Copyright © 2017 Depositphotos/photography33.
Table 1.1: Source: http://acceso.ku.edu/gramatica/unidad6/mandatos.shtml.

Clases de ruso

VOCABULARIO ÚTIL

Con un compañero, intenta adivinar (guess) lo que significan las siguientes palabras y expresiones. Al final, si no sabes alguna, pregúntale a tu profesor:

cita a ciegas	merecer la pena
anuncio	dar el primer paso
surgir	darle mil vueltas a algo
divorciado, -a	dar un paseo
soltero, -a	en honor de/a
arriesgarse	estar a gusto
brindar	arrepentirse

**CORTO-
METRAJE**

Haz clic en el hipervínculo para acceder al video o usa tu telefono celular para escanear el código QR para acceder al video:

Gramática: Haber, tener, deber o poder + infinitivo

**https://www.youtube.com/
watch?v=cQRKB9dQ4FA**

ANTES DE VER EL CORTO

En parejas, contesta a las siguientes preguntas:

1. ¿Has usado alguna vez una página web o aplicación de citas?

2. ¿Conoces a alguien que las haya utilizado? o ¿Conoces alguna anécdota al respecto?

3. ¿Quién usa estas páginas o aplicaciones?

4. ¿Por qué piensas que la gente recurre a estas páginas o aplicaciones?

5. ¿Qué resultados se pueden obtener de una cita a ciegas?

DESPUÉS DE VER EL CORTO

Discute los siguientes aspectos del corto con un compañero:

1. Describe a los dos personajes principales en cuanto a su edad, trabajo, aficiones, amigos y familia.

2. En el min. 9 (aprox.) la mujer empieza a hablar en ruso. ¿Cuál es la historia que cuenta de cómo era ella cuando tenía 10 años?

3. Imagina que eres Pedro. ¿Subes a la casa de la chica o no? ¿Por qué?

4. ¿Qué piensas que ocurre al final del corto?

5. ¿Piensas que el final es realista?

6. ¿Te identificas con alguno de los personajes del corto? ¿Por qué?

7. ¿Te ha gustado el corto? ¿Por qué?

8. ¿Qué otros cortos o películas de intriga o miedo te gustan?

9. ¿Irías a una cita a ciegas?

10. ¿Qué precauciones se deben tomar en una cita a ciegas o al usar las redes sociales para conocer a alguien?

PRÁCTICA GRAMATICAL

Hay que, tener que, deber y poder… + infinitivo, son construcciones verbales que se usan para expresar obligación o necesidad;

Tener que + infinitivo:

Ej. Tienes que estudiar / Tenemos que dejar de fumar

Deber + infinitivo:

Ej. Debes estudiar / Debemos dejar de fumar

Hay que + infinitivo

Ej. Hay que estudiar / Hay que dejar de fumar

Usando estas construcciones verbales, cuéntale a un compañero qué tiene que hacer alguien para conseguir una buena pareja y mantenerla contenta. Ej. Tienes que ser miembro de una red social de citas y luego debes llevar a esa persona a cenar. No hay que ponerse nervioso y no debes hablar de tus exnovios/as.

Y AHORA TÚ

Tu amigo te ha buscado una cita con alguien que tú no conoces. Cuando llegas al restaurante, el chico o chica que te han buscado no te gusta nada. ¿Qué excusas le das al chico o chica para desaparecer de allí cuanto antes? Escribe un diálogo cómico con un compañero en el que eres muy educado con tu cita, pero le das una excusa o varias para desaparecer.

Vocabulario útil para disculparse o dar excusas:

Perdona pero me duele mucho la cabeza y me tengo que ir.

Estoy teniendo una reacción alergica a la comida, tu perfume,…

Uy, me han mandado un mensaje de texto para decirme que mi madre está en el hospital. Lo siento, me tengo que ir.

No eres mi tipo, lo siento…

_____
_____
_____
_____
_____
_____
_____
_____

NOTA CULTURAL

Haz clic en el hipervínculo para acceder al artículo o usa tu teléfono celular para escanear el código QR para acceder al artículo:

http://es.rbth.com/internacional/2014/06/04/el_antes_y_el_despues_de_los_residentes_rusos_en_espana_40585

Vocabulario útil de la nota cultural

censado, empadronado: registered

habitantes: inhabitants

perfil: profile

ciudadana: citizen

la llegada: the arrival

un cuarto de siglo: a quarter of a century

década: decade

triplicado: tripled

tercio: third

crecimiento: growth

salvo: except

fiel: faithful

efecto llamada: calling effect

nivel de vida: quality of life

afincada: settled

comparte: shares

mudarse: to move to another place to live

viajar al extranjero: to travel abroad

vínculo: link

matrimonio: marriage

telón de acero: Iron Curtain

cambios: changes

desconcierto: confusion

desconfianza: mistrust

un buen nivel adquisitivo: to be affluent

reglas: rules

desligar: separate

cercanía: closeness

confianza: trust

buenos modales: good manners

carencia: lack

alma: soul

Con un compañero, contesta a las siguientes preguntas de comprensión en relación al texto y al corto:

1. ¿En qué provincias españolas reside la mayoría de los rusos?

2. ¿Qué trabajos ocupaban antes en España y cuáles ocupan ahora?

3. Según el autor del texto, ¿qué diferencias de carácter existen entre los rusos y los españoles?

4. ¿Qué diferencias de carácter notas entre la mujer rusa y el hombre español del corto? ¿Tiene relación a lo que se dice en el texto que acabas de leer?

5. ¿Qué relación existe entre Rusia y Estados Unidos hoy en día? ¿Qué relación existía en el pasado?

Figure Credits
Fig. 2.1: Source: https://vimeo.com/38231782.

¿Quieres ser mi amiga?

CORTO-
METRAJE

Haz clic en el
hipervínculo
para acceder al
video o usa tu teléfono celular
para escanear el código QR
para acceder al video:

Gramática: El subjuntivo de
duda I

https://www.youtube.com/
watch?v=rVpInLBFc3k

VOCABULARIO ÚTIL

Con un compañero, lee la siguiente información sobre algunas de las redes
sociales más conocidas. Después, une el logotipo (icon) con la descripción
adecuada:

TABLE 3.1

	FACEBOOK	Sitio web orientado a negocios. Es una red profesional, principalmente.
	LINKEDIN	Es un programa de mensajería instantánea que te permite mandar fotos y videos a uno o más amigos. Antes de enviar tu mensaje, tienes la posibilidad de agregar texto, e incluir filtros y efectos en tu imagen.
	SNAPCHAT	Es un término inglés que se traduce como "gorjear" o "trinar". Es el nombre de una red que permite escribir y leer mensajes en internet que no superen los 140 caracteres.
	TINDER	Es un sitio web de interacción social para gente joven. Incluye redes sociales de amigos, grupos, blogs y fotos.
	TWITTER	Es una red social y aplicación para subir fotos y videos creada por Kevin Systrom en 2010. Una característica distintiva de esta aplicación es que le da una forma cuadrada a las fotos.
	MYSPACE	Red social gratuita creada por Mark Zuckerberg.
	INSTAGRAM	Red social de contactos para ligar o buscar pareja a través de internet.

Formando expresiones

Aquí tienes vocabulario útil en relación a las redes sociales. Con tu compañero intenta unir cada expresión con el significado correcto:

agregar un contacto	list of contacts
descargar un archivo	to chat with friends online
perfil de amigos	to add a contact
lista de contactos	to download a file
enviar un documento	to create a group
pinchar en un icono	to download a song
descargar una canción	to send a document
compartir una foto	friends' profile
chatear con amigos en línea	to share a picture
crear un grupo	to click on an icon

ANTES DE VER EL CORTO

Contesta a las siguientes preguntas con un compañero:

1. ¿Qué redes sociales conoces?

2. ¿Eres usuario de alguna red social?

3. Mira la foto 3.1 al comienzo de este capítulo y responde a las siguientes preguntas:
   a. ¿Quiénes son estos personajes?

   b. ¿Dónde están? ¿Qué están haciendo?

   c. ¿Puede existir alguna relación entre ellos? ¿De qué tipo?

DESPUÉS DE VER EL CORTO

1. Decide con un compañero si las afirmaciones que aparecen a continuación son verdaderas o falsas. Si la afirmación es falsa, escribe la verdadera.
   a. Los dos personajes se conocen y tienen amigos en común.
      ☐ VERDADERO   ☐ FALSO
   b. El chico sale de espaldas en una de las fotos que le enseña la chica.
      ☐ VERDADERO   ☐ FALSO
   c. El chico invita a la chica a ir al cine, a un concierto y a tomar algo con otra amiga común.
      ☐ VERDADERO   ☐ FALSO
   d. El chico cumple 22 años al día siguiente.
      ☐ VERDADERO   ☐ FALSO

2. Lo que has visto en el cortometraje, ¿coincide con lo que habías imaginado de ellos? ¿Te ha sorprendido la situación? ¿Por qué?

Vocabulario útil de la nota cultural

manera: way

enorme: huge

permite: allows

puntos de vista: points of view

aclarar: clarify

doubts: dudas

vínculos estrechos: tight relationships

se preocupan por: they worry about

malinterpretarse/crear malos entendidos: to misunderstand

causan polémica: to be controversial

peligrosos: dangerous

cuenta: account

tímido: shy

llamar la atención: to attract someone's attention

lejos: far

NOTA CULTURAL

Haz clic en el hipervínculo para acceder al artículo o usa tu teléfono celular para escanear el código QR para acceder al artículo:

http://t3b112.blogspot.com/p/influencia-de-las-redes-sociales-en-los.html

Contesta a las siguientes preguntas con un compañero:

1. ¿Qué piensas de este artículo?

2. ¿Estás de acuerdo con los aspectos positivos? ¿Quieres añadir algún aspecto más?

3. ¿Y con los negativos? ¿Crees que hay alguno más?

4. ¿Para qué utilizas tú las redes sociales?

Y AHORA TÚ

1. Vamos a crear una red social "no virtual" en la clase. De forma individual, sigue los siguientes pasos:

    ☐ Antes de comenzar la actividad, piensa un nombre para una red social "no virtual" y dibuja un logotipo.

    ☐ Crea un perfil imaginario. Rellena la ficha que te va a entregar tu profesor y después, dásela.

    ☐ Lee con atención la nueva ficha que te va a dar tu profesor. Esa ficha contiene la información de uno de los perfiles imaginarios creado por uno de tus compañeros.

    ☐ Busca al compañero al que corresponde la ficha que tienes, y siéntate a su lado.

    ☐ Realiza un chat escrito "no virtual" a traves de "post it notes" en la clase con tu compañero. NO SE PUEDE HABLAR.

    ☐ Preséntate y hazle a tu compañero invitaciones interesantes a través de notas escritas hasta que él acepte una de ellas. Ten en cuenta las características del perfil que tienes en la ficha a la hora de hacer las invitaciones.

En el caso de que no quieras aceptar la invitación que te proponen, justifica el rechazo.
  2. ¿Estás a favor o en contra de las redes sociales?

    a. ¿Qué relación tiene el cortometraje que has visto con la actividad que has hecho con tu compañero?

    b. ¿Qué prefieres, las redes sociales "virtuales" o "no virtuales"? ¿Por qué?

PRÁCTICA GRAMATICAL

A continuación, se pondrán en común todos los aspectos negativos y positivos que habéis mencionado en los ejercicios anteriores a través de un debate.

El profesor va a dividir la clase en dos grupos. Uno de los grupos estará a favor de las redes sociales y el otro grupo estará en contra. Debes argumentar cada una de tus ideas utilizando las expresiones que se recogen a continuación. Cuidado, asegúrate de preguntarle al profesor cuáles usan *el indicativo* y cuáles *el subjuntivo* si no te acuerdas.

(YO) CREO QUE...	(NO), NO ES VERDAD
PIENSO QUE...	SÍ ES VERDAD
PARA MÍ...	ESTOY SEGURO + DE QUE
SÍ ESTOY DE ACUERDO	SÉ QUE...
NO ESTOY DE ACUERDO	DEPENDE ¿NO?

Figure Credits
Fig. 3.1: Source: https://www.youtube.com/watch?v=rVpInLBFc3k.
Fig. 3.2: Copyright © by Facebook, Inc.
Fig. 3.3: Copyright © by LinkedIn Corporation.
Fig. 3.4: Copyright © by Snap Inc.
Fig. 3.5: Copyright © by Match Group, LLC.
Fig. 3.6: Copyright © by Twitter, Inc.
Fig. 3.7: Copyright © by Myspace LLC.
Fig. 3.8: Copyright © by Instagram.

Connecting People

FIGURE 4.1 «¿Pueden decirse cosas realmente importantes mientras se habla por el móvil? De repente una conversación trivial, un paseo de regreso como el de todos los días, un instante perdido en el tiempo, que puede convertirse en el momento más importante para una chica y un chico» (Burbujafilms.com)

VOCABULARIO ÚTIL

la presentación: the presentation
el curro: the job (coloquial)
el banco: the bench
por fin: finally
pelis: movies (coloquial)
solo/a: alone
tranquilo/a: calm

pijama: pj's
no tienes ni idea: you have no idea
masticar: to chew
no hay cobertura: there is no coverage
lo siento: I am sorry
perdona: excuse me

CORTO-
METRAJE

Haz clic en el hipervínculo para acceder al video o usa tu teléfono celular para escanear el código QR para acceder al video:

Gramática: El subjuntivo con oraciones de relativo

https://www.youtube.com/watch?v=o8hQ9dpfQCs

ANTES DE VER EL CORTO

Contesta a las siguientes preguntas con un compañero:

1. ¿Qué significa el título del cortometraje? ¿Por qué piensas que lo han titulado en inglés?

2. ¿De qué crees que trata?

DESPUÉS DE VER EL CORTO

Contesta a las siguientes preguntas en parejas:

1. ¿Cómo son los protagonistas?

2. ¿Qué tienen en común?

3. ¿En qué época del año se sitúa la historia narrada por el corto? ¿Es esto relevante? ¿En qué sentido?

4. ¿Con quién habla el protagonista? ¿Y la protagonista?

5. ¿De qué hablan los protagonistas durante su conversación telefónica?

6. ¿Qué planean hacer esa noche?

7. ¿Qué hábitos (habits) tiene él? ¿Y ella?

8. ¿En qué momento exacto hablan los protagonistas entre sí?

9. ¿Qué tipo de chica le gustaría encontrar al protagonista? ¿Qué tipo de chico le gustaría encontrar a ella?

Vocabulario útil de la nota cultural

paulatinamente: slowly

ordenadores: computers (in Spain). They use the term "computadoras" in Latin America

siglo: century

primer orden: first degree

un aumento: an increase

a menudo: sometimes

favorece: it leads to

lazos personales: personal relationships

temores: fears

ruidos: noises

pérdidas: loses

móviles: cell phones (in Spain). They use the term "celulares" in Latin America

olvidar: forget

máquina: machine

a través de: through

gestos: gestures

miradas: glances

olfato: sense of smell

tacto: sense of touch

canales: channels

reemplazarlos: replace them

una carta: a letter

valor: bravery

NOTA CULTURAL

NUEVAS FORMAS DE COMUNICACIÓN

Lee el siguiente artículo y responde a las preguntas. Ayúdate con el vocabulario útil del final para entender el texto, si lo necesitas Haz clic en el hipervínculo para acceder al artículo o usa tu teléfono celular para escanear el código QR para acceder al artículo:

http://www.razonypalabra. org.mx/anteriores/n54/ dlevis.html

Contesta con un compañero:

a. ¿Qué características tienen las nuevas formas de comunicación?

b. Según el texto, ¿por qué las nuevas modalidades de comunicación despiertan miedo?

c. Señala algunas de las diferencias que existen entre la comunicación interpersonal directa y las nuevas formas de comunicación.

Comunicación directa   Nuevas formas de comunicación

_____

_____

_____

_____

_____

_____

_____

d. «Nada sustituye el valor y la intensidad de la comunicación cara a cara». ¿Estás de acuerdo con el autor del texto? Explica tu respuesta.

PRÁCTICA GRAMATICAL

¿Qué tipo de chico/a te gustaría conocer?

Ej. «*Quiero conocer a un/a chico/a que *sea* inteligente y que *tenga* perro».

_____

_____

_____

_____

_____

_____

_____

*Cuando no conoces a una persona o lugar usas el subjuntivo porque, en términos generales, el subjuntivo se usa para hablar de lo desconocido. Este tipo de subjuntivo se llama el *"subjuntivo de inexistencia"* o *"subjuntivo con oraciones adjetivas de relativo"*.

Y AHORA TÚ

Lee la siguiente reflexión sobre el cortometraje y contesta con un compañero:

«Connecting People nos muestra que los teléfonos móviles nos unen y a la vez nos separan» (abc.es).

¿En qué sentido los móviles nos unen y al mismo tiempo nos separan? ¿Estás de acuerdo con esta afirmación? ¿Por qué?

Mira la siguiente imagen y coméntala con tu compañero.

Figure Credits
Fig. 4.1: Copyright © 2015
Depositphotos/robeo123.
Fig. 4.2: Copyright © 2014
Depositphotos/vladteodor95.

Desconocidos

*Cuando escuches el corto, vas a observar que los protagonistas de este corto no pronuncian la "d" intervocálica del participio. Ej. Ellos dicen bocao en vez de bocado. Esa es una de las carácterísticas de la pronunciación de la gente de España en el habla coloquial.

VOCABULARIO ÚTIL

El corto se desarrolla (takes place) en España y usa el siguiente vocabulario coloquial:

desconocido: unknown, stranger

girar: to turn

ponerle las manos encima a alguien: to physically hurt someone

estar embarazada: to be pregnant

denunciar: to sue, to complain

velas: candles

peste: stink

suerte: luck

pilas: batteries

¡menos mal!: thankfully!

CORTO-
METRAJE

Haz clic en el hipervínculo para acceder al video o usa tu teléfono celular para escanear el código QR para acceder al video:

Gramática: El uso del imperativo formal en singular y plural (para dar consejo)

https://www.youtube.com/watch?v=c4Ja8qcGVIo

ANTES DE VER EL CORTO

Contesta con un compañero:

1. ¿Qué crees que representa la imagen de la página anterior?

2. Desconocidos significa "strangers" ¿por qué crees que se titula así un corto que va a tratar de una familia?

DESPUÉS DE VER EL CORTO

El profesor va a poner el corto hasta el minuto 2:30.

Contesta a las siguientes preguntas con tu compañero:

1. ¿Qué hacen los personajes del corto?

2. ¿Qué relación hay entre ellos?

3. ¿Qué crees que va a ocurrir a continuación?

El profesor va a continuar proyectando el corto hasta el final.

Contesta a las siguientes preguntas con tu compañero:

4. ¿Qué están haciendo los pesonajes cuando ocurre el apagón?

5. ¿Qué está a punto de decir la hija cuando vuelve la luz?

6. ¿Te ocurre a ti lo mismo que a los protagonistas con tus padres?

7. ¿De qué hablas en los momentos en los que estás con toda la familia?

8. ¿Cómo piensas que se podría solucionar la falta de comunicación entre los miembros de la familia debido a los aparatos electrónicos?

PRÁCTICA GRAMATICAL

Piensa que eres el psicólogo de esta familia. Dales consejos juntos y por separado utilizando los *mandatos formales en singular y plural* diciéndoles lo que deben y lo que no deben hacer para mejorar su relación. Mira la tabla de abajo para ayudarte y repasar las reglas de los mandatos formales. *Recuerda, los mandatos formales se usan con una persona a la que no conoces o una persona a la que respetas.

Ej. A todos. *Jueguen* a juegos de mesa juntos una vez a la semana.

Ej. Al padre. *No vea* tantos partidos de fútbol y préstele atención a su familia.

_____

_____

_____

_____

_____

_____

Formal commands

TABLE 5.1

Infinitive	Ud. present subjunctive	Ud. formal command	Uds. present subjunctive	Uds. formal command
hablar	hable	hable	hablen	hablen
comer	coma	coma	coman	coman
vivir	viva	viva	vivan	vivan

Pronoun Placement in Affirmative Formal Commands

Pronouns are attached to the end of affirmative commands. If the command form of the verb has more than one syllable, a written accent is added when attaching a pronoun.

TABLE 5.2

Tráigamelo. Bring it to me.	
Míralo. Look at it.	

Negative Formal Commands

Negative formal commands couldn't be easier. All you have to do is put a negative word such as no in front of the affirmative formal command, and you've got yourself a negative formal command.

TABLE 5.3

No saquen sus libros. Do not take out your books.
No ponga su bolsa aquí. Do not put your purse here.
No vengan mañana. Do not come tomorrow.

Pronoun Placement in Negative Formal Commands

Pronouns come between the negative word (such as **no**) and the command form in negative formal commands.

TABLE 5.4

No se levante antes de leer el artículo. Don't get up before you read the article.
Nunca les compre dulces a los niños. Never buy candy for the children.
Nunca se los compre. Never buy it for them.

Vocabulario útil de la nota cultural

aislamiento: isolation

avance: improvement

andan: están (slang)

pegados: glued to, attached to

maneja: manages

reemplazado: replaced

de manera que: in a way that

aprendizaje: learning

sencillo: simple, easy

gracioso: funny

se ha metido: has entered

incomunicados: disconnected

NOTA CULTURAL

EDUCACIÓN Y TECNOLOGÍAS

Haz clic en el hipervínculo para acceder al artículo o usa tu teléfono celular para escanear el código QR para acceder al artículo:

http://educacionytecno-logiasanaliax2.blogspot.com/2010/04/como-influye-la-tecnolo-gia-en-nuestra.html

Contesta a las siguientes preguntas con un compañero

1. ¿Ocurre la misma situación del video en tu casa?

2. ¿A qué aparatos electrónicos están "pegados" tus padres? ¿Y tus hermanos? ¿Y tú?

3. ¿Te sientes aislado alguna vez? ¿Qué piensas que deberías hacer para evitarlo?

4. ¿Qué actividades no electrónicas te gusta hacer con tu familia?

Y AHORA TÚ

Discute con tus compañeros en grupos de tres cuáles son los papeles de cada miembro de la familia. ¿Se comparten las responsabilidades de la casa en el corto? ¿Es igual en tu familia? ¿Los hijos tienen responsabilidades? ¿Cuáles son? ¿Era igual en la época de tus abuelos? ¿Qué diferencias hay?

Figure Credits

Fig. 5.1: Copyright © 2013 Depositphotos/MidoSemsem.

Fig. 5.2: Source: https://vimeo.com/3600128.

Fig. 5.3: Source: https://vimeo.com/3600128.

Las relaciones de pareja

I n this section, students will discuss love relationships. The purpose of these lessons is for students to learn how to express themselves in Spanish if they were put in real life situations, such as the ones covered in these sections. They will learn vocabulary and expressions related to love relationships and review the grammar indicated below.

Figure Credits
Fig. 0.2: Copyright © 2014 Depositphotos/Goodluz.

Los gritones

VOCABULARIO ÚTIL

    gritar: to scream
    loco/a: crazy
    te quiero: I love you

Expresiones útiles

1. La primera frase que grita el chico es: "¡Tengo frío!", ¿qué otras *expresiones con el verbo tener* conoces? ¿Qué crees que significan las siguientes expresiones con el verbo tener?

CORTO-
METRAJE

Haz clic en el hipervínculo para acceder al video o usa tu teléfono celular para escanear el código QR para acceder al video:

Gramática: El uso del imperativo informal en singular y en plural (para dar órdenes) I

https://www.youtube.com/watch?v=7EHO7Q8FjsM

tener hambre	tener dolor de cabeza, estómago, ...
tener miedo	tener éxito en algo
tener ganas de vomitar/náuseas	tener ganas de dormir, comer,...
tener sueño	tener lástima de alguien
tener calor/frío	tener razón
tener celos	tener suerte en algo
tener la culpa de algo	tener vergüenza de algo

Ahora, cuéntale a tu compañero que haces en cada una de esas situaciones. ¿Hace lo mismo tu compañero? Ej. Cuando tengo frío me preparo un café y me pongo una chaqueta.

2. La segunda frase que dice el chico es: ¡Estás loca! ¿Qué *expresiones conoces con el verbo estar*? ¿Qué crees que significan las siguientes expresiones con el verbo estar? La mayoría de estas expresiones son coloquiales y se usan en España solamente.

estar hecho un Cristo	estar puesto en algo
estar enamorado	estar cachas
estar forrado	estar desconectado
estar como una cabra	estar en el chasis
estar muerto de hambre/de sed	estar tieso
estar despistado/a	estar colgado
estar enfadado/enojado	

Ahora, cuéntale a tu compañero qué haces en cada una de esas situaciones. ¿Hace lo mismo tu compañero? Ej. Cuando estoy enamorado sonrío todo el tiempo, pero no duermo ni como.

ANTES DE VER EL CORTO

Contesta a las siguientes preguntas con tu compañero:

1. ¿Qué crees que hacen las personas de la película en la imagen?

¿Cuál puede ser su relación? ¿por qué?

3. ¿Qué aspectos te gustan de tu pareja?

¿Qué aspectos te molestan tanto que te hacen gritar?

5. ¿Qué aspectos les hacen gritar a tus padres, hermanos o amigos?

DESPUÉS DE VER EL CORTO

Contesta a las siguientes preguntas con uncompañero:

1. ¿Has estado alguna vez en la situación de la protagonista?

2. ¿En qué otras situaciones incómodas has estado?

PRÁCTICA GRAMATICAL

La chica del corto, le da una orden al chico. Le dice: ¡Grita! Para dar órdenes, instrucciones y consejos se usa *el imperativo*. Nosotros vamos a repasar el uso del imperativo informal en plural, el de vosotros, para darles consejos y órdenes a dos o más personas a la vez. Si no recuerdas el imperativo informal de vosotros, mira la explicación de abajo.

Completa las siguientes frases con el imperativo correcto de estos verbos en afirmativo o negativo dependiendo de la frase:

coger, rezar, leer, cantar, escribir, hacer ruido, bailar, pegar, comer, practicar, salir, comer comida basura.

Ejemplo: (Vosotros) *Leed* el primer ejercicio chicos.

1. (vosotros) _____ más, que tenéis hambre.

2. (vosotros) _____ en silencio, por favor.

3. (vosotros) _____ más juntos, el tango se baila muy pegados.

4. (vosotros) _____ todos los días si queréis tocar bien el violín.

5. (vosotros) - ¿Podemos probar la tarta? - Claro, _____ un trozo.

6. (vosotros) _____ qué día es el examen en la agenda, así no lo olvidáis.

7. (vosotros) _____ una canción juntos, que tenéis unas voces muy bonitas.

8. (vosotros) _____ la fotografía en este papel, ahora os hacemos el pasaporte.

9. (vosotros) _____ porque no es bueno para vuestra salud.

10. (vosotros) _____ porque el bebé está durmiendo.

Mandatos Informales ("Vosotros")

Recuerda que el pronombre "vosotros" se usa sólo en España para dirigirse a familiares o amigos. La forma afirmativa se forma reemplazando la -r- final por una -d-. Mira los siguientes ejemplos:

Comprad (vosotros) las flores.

(You-all) Buy the flowers.

Escribid (vosotros) la carta.

(You-all) write the letter.

Para la forma negativa de vosotros se usa la forma correspondiente del subjuntivo. Mira los siguientes ejemplos:

No compréis (vosotros) las flores   **No escribáis (vosotros) la carta.**

(You-all) Don't buy the flowers.   (You-all) Don't write the letter.

Cuando los mandatos informales afirmativos se usan con un pronombre reflexivo, la -d- desaparece delante del pronombre -os. Mira siguientes ejemplos:

Sentad + os = Sentaos.   **Callad + os = Callaos.**

Sit down.   *Be quiet.*

Los verbos que terminan en -ir- llevan un acento en la í. Por ejemplo:

Vestid + os = Vestíos.

Get dressed.

Con un compañero, contesta a las siguientes preguntas:

1. ¿Qué emociones te hace sentir el cuadro de la página anterior?

2. ¿Lo podrías relacionarlas con el corto?

3. ¿Cómo describirías el cuadro?

4. Crea una historia en relación al cuadro y cuéntasela a tu compañero.

5. Ahora, lee la siguiente información sobre el pintor del cuadro y su inspiración.

Vocabulario útil de la nota cultural

un mirador: a lookout

colina: hill

paisaje: landscape

primer plano: foreground

sombrero de copa: top hat

contemplativa: comtemplative

escenario: scenery

cuadro: painting

rostro: face

sombría: dark

obra maestra: masterpiece

angustia: anguish

grito: scream

pinturas: paintings

idilio: love story

etapa: time period

NOTA CULTURAL

SIGNIFICADO DEL CUADRO EL GRITO DE EDVARD MUNCH

Haz clic en el hipervínculo para acceder al artículo o usa tu teléfono celular para escanear el código QR para acceder al artículo:

https://www.significados.com/cuadro-el-grito-de-edvard-munch/

Y AHORA TÚ

¿Te has inspirado por algún suceso alguna vez? ¿Qué hiciste para expresarlo?

1. Pinta un cuadro que exprese una situación incómoda, dolorosa o estresante que hayas vivido y después explícaselo a tu compañero.

2. Crea un diálogo con un compañero que refleje la situación más incómoda que has vivido con un chico o una chica y represéntala delante de la clase. Si puedes, usa alguna de las expresiones con los *verbos estar y tener* que has aprendido.

_____

_____

_____

_____

_____

_____

_____

_____

_____

_____

_____

_____

_____

_____

_____

_____

_____

_____

_____

Figure Credits
Fig. 6.1: Source: https://www.youtube.com/watch?v=hf2H49rbEsE.
Fig. 6.2: Source: http://mailukifilms.blogspot.com/2010/10/film-titled-los-gritones-screamers-has.html.
Fig. 6.3: Source: https://commons.wikimedia.org/wiki/File:Edvard_Munch_-_The_Scream_-_Google_Art_Project.jpg.
Fig. 6.4: Copyright © 2016 Depositphotos/angelp

Aunque tú no lo sepas

Un día mas sin ti

VOCABULARIO ÚTIL

pasar por: to stop by
¿cuánto te debo?: how much is it?
tía: girl (informal, slang from Spain)
¿qué pasa?: what's up?
¡me parece muy fuerte!: it is shocking!

una rosa: a rose
hacer daño: to hurt
sueños: dreams
sonrisa: smile
ilusionarse: to get excited

CORTO-METRAJE

Haz clic en el hipervínculo para acceder al video o usa tu teléfono celular para escanear el código QR para acceder al video:

Gramática: El presente perfecto de indicativo

https://www.youtube.com/watch?v=ZmHHGjCf0Pc

ANTES DE VER EL CORTO

Contesta con un compañero las siguientes preguntas:

1. ¿Por qué crees que el corto se titula "Aunque tú no lo sepas"?

2. ¿Qué crees que va a ocurrir en el corto?

3. ¿Qué es lo más extravagante que alguien ha hecho por ti?

4. ¿Cuándo o qué hace que algo pase de emocionante a peligroso?

5. ¿Qué es lo más peligroso que has hecho en una relación?

DESPUÉS DE VER EL CORTO

En grupos de tres, contesta a las siguientes preguntas:

1. ¿Cómo se siente la chica al principio del corto?

2. ¿Qué hace su admirador secreto para sorprenderla? ¿Lo consigue?

3. ¿Cómo actuarías tú si alguien hiciera eso por ti? ¿Confundido, aterrorizado, ilusionado?

4. ¿Te ha pasado algo así alguna vez? ¿Y a alguien que conoces?

5. ¿Tuvo éxito esa relación?

PRÁCTICA GRAMATICAL

1. El chico del corto le dice a la chica que ha hecho muchas cosas por ella aunque ella no lo sepa.

   Completa las siguientes oraciones con el *presente perfecto del indicativo* para indicar qué cosas ha hecho el chico por ella. Mira el cuadro de abajo primero para repasar este tiempo verbal. *Recuerda que si tienes que usar un pronombre, este se pone delante del verbo.* Ej. Yo (comprarte) un regalo. *Te* he comprado un regalo.

   Yo (llevarte) _____ de viaje.

   Yo (cantarte) _____ una canción.

   Yo (mandarte) _____ un café con leche fría.

   Yo (sacarte) _____ fotos.

TABLE 7.1

	-AR VERBS	-ER VERBS	-IR VERBS
yo	he hablado	he comido	he vivido
tú	has hablado	has comido	has vivido
él/ella/usted	ha hablado	ha comido	ha vivido
nosotros,as	hemos hablado	hemos comido	hemos vivido
vosotros,as	habéis hablado	habéis comido	habéis vivido
ellos, ellas, ustedes	han hablado	han comido	han vivido

2. ¿Qué cosas has hecho tú por otras personas sin que se dieran cuenta (tu compañero de cuarto, tu hermano/a, tu padre, tu madre, tus abuelos, tus amigos, tu novio/a) Cuéntaselo a un compañero.

   Ej. Yo he recogido la habitación de mi compañero de cuarto.

Y AHORA TÚ

Escribe un final para este corto en forma de diálogo en el que la chica finalmente hable con el chico y le diga qué le parece lo que él ha hecho por ella. Puede ser romántico, humorístico, dramático, terrorífico,...

_____

_____

_____

_____

_____

_____

NOTA CULTURAL

LAS 10 COSAS MÁS EXTREMAS QUE USTED ESTARÍA DISPUESTO A HACER POR AMOR, LISTA FINAL

Haz clic en el hipervínculo para acceder al artículo o usa tu teléfono celular para escanear el código QR para acceder al artículo:

http://www.semana.com/vida-moderna/articulo/las-10-cosas-mas-extremas-usted-estaria-dispuesto-hacer-amor-lista-final/264648-3

Vocabulario útil de la nota cultural

estar dispuesto a hacer algo por alguien: to be willing to do something for someone

amor: love

caja: box

estar descontado: to be for granted

convertirse: to become

sacrificio: sacrifice

respaldar: to back up

fiel: faithful

amantes: lovers

ocultar: to hide

señalamientos: finger-pointing

enamorado: person in love

sueños: dreams

emular: to imitate

lamentables: regretful

el factor monetario: the economic factor, money

escalofriante: scary

locuras: crazy things

estropearse: to get ruined

un riesgo: a risk

espantada: scared

endeudarse: to get in debt

con tal de: as long as

media naranja: soul mate

cimentarse: to be based on

integrante: member

martirio: martyrdom, agony

reunión: meeting

encajar en: to fit in

adecuarse: to get used to

compartir: to share

gastos: expenses

estar dispuesto a: to be willing to

machismo: male chauvinism

atarse: to tie yourself to

sin lugar a dudas: without a doubt/doubtlessly

aguantar: to put up with

Contesta a las siguientes preguntas en grupos de tres:

1. ¿Qué te parece lo que hace el chico para impresionar a su chica en este artículo?

2. ¿Qué cosas de las mencionadas hace el chico por la chica del corto?

3. ¿Qué cosas de las mencionadas harías por conseguir el amor de alguien?

4. ¿Qué cosas no mencionadas harías por alguien?

5. ¿Qué cosas nunca harías por nadie? ¿por qué?

Figure Credits
Fig. 7.1: Source: https://www.youtube.com/watch?v=Ek4tjI_OfW0.

Ana y Manuel

VOCABULARIO ÚTIL

verano: summer

dejar a alguien: to leave someone

estar en contra de: to be against someone or something

tortuga: turtle

pesadillas: nightmares

río: river

perro: dog

gato: cat

pájaro: bird

envolver: to wrap up

recuerdos: memories

barrio: neighborhood

dar vergüenza: to be embarrased

mercadillo: flea market

regatear: to haggle/bargain

hartarse de alguien: to get tired of someone

derrota: defeat

canción: song

CORTO-METRAJE

Haz clic en el hipervínculo para acceder al video o usa tu teléfono celular para escanear el código QR para acceder al video:

Gramática: El uso del imperativo informal (para dar instrucciones de cómo cuidar a alguien) II

https://vimeo.com/4458749

libre: free
regalos: presents
bufanda: scarf
fotos: pictures
descampado: deserted or
isolated area

preocuparse de: to worry about
something
triste: sad
carteles: signs

ANTES DE VER EL CORTO

1. En pequeños grupos planteen sus sugerencias sobre el posible tema del corto usando los siguientes tiempos verbales dependiendo de la expresión que uses:

   Quizá trata de...   *PRESENTE DE INDICATIVO*
   A lo mejor explica...

   Seguramente tratará de...   *FUTURO*
   Creo que va a tratar de...

   Puede que trate de...   *PRESENTE DE INDICATIVO*
   Lo más seguro es que trate de...

2. El corto comienza con la siguiente frase de Ana:

   "El verano pasado tuve la genial idea de comprarme un perro."

   a. ¿Tiene esta frase algo que ver con el argumento (plot) del cortometraje que mencionaste antes?

   b. ¿Es la historia sobre un chico? ¿Un perro?

   c. ¿Por qué es una "idea genial"?

PRÁCTICA GRAMATICAL

Ana no tiene ni idea de cómo cuidar a un perro. ¿Le podrías dar algunos consejos de cómo hacerlo? *Usa el imperativo informal.*

Ej. Dale de comer dos veces al día.

Sacarlo a pasear, darle un nombre, jugar con él, alejarlo de los productos tóxicos de la cocina, llevarlo al veterinario, darle agua a menudo.

_____

_____

_____

_____

_____

_____

_____

DESPUÉS DEL CORTO

Con un compañero, contesta a las siguientes preguntas:

1. ¿Crees en las coincidencias? ¿Te ha pasado a ti algo similar a lo que les sucedió los protagonistas de la historia?

2. ¿Crees en las segundas oportunidades en el amor o la amistad? ¿Por qué?

3. ¿Qué otras historias que incluyan animales domésticos conoces?

4. ¿Cuál crees que es la razón para usar animales domésticos en el cine o la literatura?

NOTA CULTURAL

"*Destino o casualidad*" es una canción de un famoso cantante español llamado Melendi. Léela y contesta a las preguntas que aparecen al final. Haz clic en el hipervínculo para acceder a la canción o usa tu teléfono celular para escanear el código QR para acceder a la canción:

http://www.dicelacancion. com/letra-destino-o-casuali- dad-melendi

Vocabulario útil de la nota cultural

detalle: detail

malinterpretar: to misinterpret

dar vueltas en la cama: to toss and turn in bed

meter el dedo en la llaga: to rub salt in the wound

errante: wandering

pasos: steps

suspiro: sigh

abrazar: to hug

ocupada: busy

apoyarse en: to lean on

hombro: shoulder

alumbrar: to illuminate

sellar: to seal   alrededor: around
suceder: to happen   creer: to believe in

En grupos de tres, respondan a las siguientes preguntas:

1. ¿Crees en la casualidad o en el destino? ¿por qué?

2. ¿Te ha ocurrido algo alguna vez que te haga inclinarte por una opinión u otra?

3. ¿Qué películas o libros conoces sobre este tema? ¿Cuál es tu favorito/a? ¿Qué te parece la canción de Melendi?

4. ¿Conoces otras canciones que traten de esta dicotomía entre la casualidad y el destino?

Y AHORA TÚ

Establece un debate con tus compañeros sobre la casualidad y el destino. El profesor va a dividir la clase en dos grupos y cada grupo tiene que elegir una postura y defenderla después delante de la clase. Para ayudarte, puedes leer por internet sobre Carl Gustav Jung, Sigmund Freud y la teoría del hilo rojo del destino de Asia Oriental, entre otras.

Figure Credits
Fig. 8.1: Copyright © 2013 Depositphotos/dasha11.
Fig. 8.2: Copyright © 2016 Depositphotos/belchonock.
Fig. 8.3: Copyright © 2013 Depositphotos/jordygraph.

Señales (signs)

VOCABULARIO ÚTIL

despertarse: to wake up
levantarse: to get up
desayunar: to have breakfast
ir al trabajo: to go to work
vestirse: to get dressed
desvestirse: to get undressed
acostarse: to go to bed
dormirse: to fall asleep

triste: sad
aislado: aisolated
ascender a alguien: to promote
señales: signs
quedar: to meet
deprimido: depressed
solo: alone

CORTO-METRAJE

Haz clic en el hipervínculo para acceder al video o usa tu teléfono celular para escanear el código QR para acceder al video:

Gramática: Los verbos reflexivos I

https://vimeo.
com/85985366

ANTES DE VER EL CORTO

El profesor te va a mostrar las primeras escenas del corto. Después, vas a responder a unas preguntas sobre esas escenas con tu compañero.

Contesta a las siguientes preguntas sobre el personaje principal:

¿Dónde vive?

¿De dónde crees que es?

¿Cómo va vestido?

¿Cómo es físicamente? ¿Y de carácter?

¿A qué se dedica?

¿Es feliz? ¿Por qué?

¿Cómo se llama?

¿Cómo es su piso (apartment)?

PRÁCTICA GRAMATICAL

1. Repasa los verbos que expresan acciones habituales en el presente. La mayoría de los verbos que vas a necesitar son *reflexivos*. Ej. Él *se despierta* a las 7 de la mañana.

   Describe las acciones que realiza diariamente el protagonista al lado de cada foto.

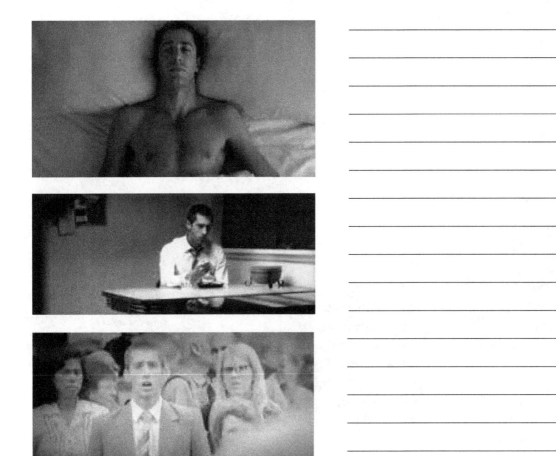

_____

_____

_____

_____

_____

_____

_____

_____

_____

_____

_____

_____

_____

_____

2. Vamos a seguir practicando con algunos verbos que hablan de la rutina diaria. Completa la siguiente ficha con los horarios (schedules) de dos de tus compañeros. Para ello hazles las preguntas correspondientes.

Ejemplo:

– ¿A qué hora te levantas?

– (Me levanto) a las ocho. ¿Y tú?

– Yo (me levanto) a las siete. / Yo también.

YO

LEVANTARSE

DESAYUNAR

IR AL TRABAJO / A LA UNIVERSIDAD

TRABAJAR TODO EL DÍA

TERMINAR

PREPARAR LA CENA

ACOSTARSE

Cuándo hayas terminado de hablar con tus dos compañeros, cuéntale a tu profesor y al resto de la clase lo que tú haces a diario y lo que hacen ellos:

Ej. Yo me levanto a las 7 de la mañana, pero mi compañero Peter se levanta a las 10 de la mañana porque le gusta mucho dormir.

DESPUÉS DE VER EL CORTO

En parejas, contesta a las siguientes preguntas:

1. ¿Por qué crees que la vida del protagonista es así?

2. ¿Cómo es la ciudad en la que vive?

3. ¿Por qué vive en esa ciudad?

4. Y al final del corto, ¿es feliz? ¿Por qué?

5. Cuéntale a un compañero de qué trata el cortometraje.

6. ¿Cómo titularías el cortometraje si no supieras el título? ¿Por qué?

Vocabulario útil de la nota cultural

vertiente: side, aspect

salud mental: mental health

ruidos: noises

apuros: hardships, trouble

enfermante: sickening

precedentes: previous

población: population

provenir: to come from

desnudar: to strip

escalonar: phase, stagger

hallazgos: findings

ambiental: environmental

conducta: behaviour

el medio natural: nature

cemento: concrete

sumar: to add

indagar: to investigate

poder: power

investigación: research

hallar: to discover

la falta: the lack

lábil: weak, frail

NOTA CULTURAL

Haz clic en el hipervínculo para acceder al artículo o usa tu teléfono celular para escanear el código QR para acceder al artículo:

http://www.lanacion.com.ar/1341641-las-grandes-ciudades-alteran-la-salud-mental-de-sus-habitantes

Con un compañero responde:

1. ¿Qué piensas del artículo?

2. ¿Prefieres el campo o la ciudad? ¿por qué?

3. Debate: ¿El campo o la ciudad?
   El profesor va a dividir la clase en dos grupos. Uno va a defender los beneficios de vivir en el campo y otro los de vivir en la ciudad.

Y AHORA TÚ

Cuéntale la historia del corto a tu compañero desde el punto de vista de la chica.

Ej. Todos los días me levanto temprano para ir a la oficina. Siempre tengo la misma rutina, me levanto, me lavo los dientes, ... Todos los días son iguales, hasta que un día veo a un chico muy guapo que trabaja en el edificio de en frente, ...

Figure Credits

Fig. 9.1: Copyright © 2014 Depositphotos/13goat.
Fig. 9.2: Source: https://www.youtube.com/watch?v=uy0HNWto0UY.
Fig. 9.3: Source: https://www.youtube.com/watch?v=uy0HNWto0UY.
Fig. 9.4: Source: https://www.youtube.com/watch?v=uy0HNWto0UY.
Fig. 9.5: Source: https://www.youtube.com/watch?v=uy0HNWto0UY.
Fig. 9.6: Source: https://www.youtube.com/watch?v=uy0HNWto0UY.
Fig. 9.7: Source: https://www.youtube.com/watch?v=uy0HNWto0UY.
Fig. 9.8: Copyright © 2013 Depositphotos/racorn.

Diez minutos

**CORTO-
METRAJE**

Haz clic en el
hipervínculo
para acceder al
video o usa tu teléfono celular
para escanear el código QR
para acceder al video:

Gramática: Los verbos con
significado diferente en el
pretérito y el imperfecto

https://www.youtube.com/
watch?v=gwmFszGS-X0

VOCABULARIO ÚTIL

atropellar: to run over

el capricho: whim

la consulta: inquiry

dar de baja: to cancel a service

indicar: to inform

constar: to appear

el cajón: drawer

el DNI (Documento Nacional de
Identidad): ID card (in Spain)

la factura: bill

facilitar: to provide

hueco: hollow

norma: rule

el ordenador: computer (in Spain)

superar: to exceed

suplicar: to plead

el teléfono móvil (in Spain): cell phone

el/la usuario/a: customer

vaciar: to empty

ANTES DE VER EL CORTO

Con un compañero, contesta a las siguientes preguntas:

1. ¿Te has sentido alguna vez frustrado con la tecnología? ¿Qué pasó?

2. ¿Te parece que las compañías telefónicas son eficientes y justas? ¿Por qué?

3. ¿Cuál es la mejor o peor experiencia que has tenido con alguna compañía o tienda en relación a la atención al cliente? Cuéntasela a tu compañero.

DESPUÉS DE VER EL CORTO

Con un compañero diferente, contesta a las siguientes preguntas:

1. ¿Cómo describirías a Enrique? ¿Y a Nuria?

Los siguientes adjetivos te pueden ayudar: Desesperado, Sentimental, Frío, Profesional, Cómplice, Saturado, Impasible, Indiferente, Cordial, Coloquial, Amable, Agresivo, Formal, Irónico, Agradable, Enfadado, Desagradable.

2. ¿Alguna vez te has sentido desesperado como el protagonista? ¿Qué pasó?

3. ¿Por qué Enrique le dice a Nuria, que quiere el número de teléfono de su novia?

4. ¿Qué estrategia usa Enrique para que Nuria le dé el número de teléfono que quiere?

5. ¿Qué técnica se usa para generar angustia?

6. ¿Cómo se siente Nuria al final?

7. Comenta las siguientes frases en relación al texto:

"Pero qué estamos haciendo, qué estamos creando con esta forma de relacionarnos"

"¿Adónde vamos a ir a parar si no nos echamos una mano cuando lo necesitamos?"

"Yo sé que tú no eres un ordenador. ¡Demuéstramelo!"

"El silencio te hace persona"

"¿No puede usted comprender lo que es la desesperación, lo que es la impotencia humana?"

PRÁCTICA GRAMATICAL

En parejas, escriban una conversación entre Enrique y Marta en la que ella le explica sus razones para dejarlo y él le ruega que se quede con él. Usa el *pretérito* o el *imperfecto* de los verbos tener, saber, conocer, querer y poder. Recuerda, estos verbos tienen un significado diferente dependiendo de si se usan en pretérito o imperfecto. Mira el cuadro de abajo para ayudarte a recordar las diferencias en significado dependiendo de qué tiempo verbal uses.

_____
_____
_____
_____
_____
_____
_____

	IMPERFECTO	**PRETÉRITO**
CONOCER	TO KNOW	TO MEET
ESTAR	TO BE	TO BECOME/TO GET
PODER	TO BE ABLE TO	TO MANAGE
QUERER	TO WANT	TO TRY

NO QUERER	TO NOT WANT TO	TO REFUSE
SABER	TO KNOW	TO FIND OUT
TENER	TO HAVE	TO RECEIVE

Y AHORA TÚ

Crea un diálogo con un compañero utilizando las palábras del vocabulario en el que uno de ustedes llama para cancelar un servicio de teléfono, televisión o internet y el otro trata de convencerlo de que no cancele el servicio ofreciéndole algo a cambio. Después, represéntalo delante de la clase.

_____

_____

_____

_____

_____

_____

_____

Vocabulario útil de la nota cultural

escena: scene

actores: actors

ensayar: to rehearse

improvisar: to improvise

rodaje: filming

Contesta con un compañero después de ver el vídeo:

1. ¿Cuál fue la principal dificultad del corto?

2. ¿Ensayaron mucho los actores?

3. ¿Les dejó el director improvisar a los actores?

4. ¿Cuánto tiempo duró el rodaje?

5. ¿Cuáles son los próximos proyectos del director?

NOTA CULTURAL

NOTAS DEL DIRECTOR

Aquí tienes una entrevista al director del corto, Alberto Ruiz Rojo, sobre su cortometraje "Diez minutos". Haz clic en el hipervínculo para acceder al vídeo o usa tu teléfono celular para escanear el código QR para acceder al vídeo:

https://www.youtube.com/watch?v=M_Cj9LcbM3w.

Figure Credits

Fig. 10.1: Source: https://www.youtube.com/watch?v=tzk5ded0POk.
Fig. 10.2: Source: https://www.youtube.com/watch?v=tzk5ded0POk.
Fig. 10.3: Source: https://www.youtube.com/watch?v=tzk5ded0POk.

Cultura y sociedad hispana

In this section, students will learn about the Spanish Civil War, how Hispanic people celebrate Christmas and how bureaucracy works in the Hispanic world. The purpose of this section is to make students familiar with several important historical events and cultural aspects of the Hispanic world. They will learn new vocabulary and then use it to discuss the topics mentioned. They will also review the grammatical aspects indicated below.

Figure Credits
Fig. 0.3: Copyright © 2017 Depositphotos/agcuesta1.

Nada que perder

*Aunque este corto se desarrolle en el siglo XXI, se hace referencia a la Guerra Civil española ya que se menciona que la película para la que hace el casting la protagonista está centrada en esa época. Esto indica la importancia de este evento para la vida de los españoles. La Guerra Civil tuvo lugar entre 1936-1939 en la que existían dos bandos, los nacionalistas, que apoyaban a Francisco Franco, y los republicanos, que estaban contra Franco y eran partidarios de una república. Los nacionalistas ganaron la guerra y Franco estuvo en el poder hasta 1975, cuando se acabó la dictadura y comenzó la democracia con el rey Don Juan Carlos I. Actualmente, su hijo Felipe VI es el rey de España.

VOCABULARIO ÚTIL

CORTO-METRAJE

Haz clic en el hipervínculo para acceder al video o usa tu teléfono celular para escanear el código QR para acceder al video:

Gramática: Si + pluperfect subjuntive, condicional compound

https://vimeo.com/17207951

el casting: audition
ensayar: to rehearse
el/la facha: fascist (slang)
el embotellamiento: traffic jam
tratar a alguien: to treat someone
fiarse de alguien: to trust someone
fortuito/a: fortuitous
la cola de conejo: rabbit's foot
la gorra: cap
animar: to encourage
aspirante a: aspiring to
avergonzado/a: ashamed
avergonzarse: to be ashamed of
de camino a: on the way to

desilusionado/a: disappointed
incómodo/a: uncomfortable, awkward
rechazar: to reject
surgir: to arise
ir a por todas: to knock them dead
en el fondo: deep down inside
tener para rato: to be stuck
dar calabazas a alguien: to reject someone
decir algo de carrerilla: to reel off spoken lines
estar coladito/a por alguien: to have a crush on someone

ANTES DE VER EL CORTO

Con un compañero, contesta a las siguientes preguntas:

1. ¿Te has sentido alguna vez atraído por alguien nada más co-nocerlo? ¿Qué ocurrió?

2. ¿Te ha pasado algo curioso o extraño en un taxi alguna vez?

3. ¿Crees que las cosas pasan por casualidad o crees que hay una razón para todo? Explica tu respuesta.

4. ¿Cuál ha sido el encuentro más significativo que has tenido en tu vida? ¿Por qué?

DESPUÉS DE VER EL CORTO

En grupos de tres, discutan los siguientes aspectos de la película:

1. ¿En qué ciudad ocurre la acción?

2. ¿Dónde iba la chica en el taxi?

3. ¿Cómo sabe el taxista inmediatamente que ha recogido a la misma chica la segunda vez?

4. ¿Le fue bien en su entrevista como actriz a la chica? ¿Cómo lo sabes?

5. ¿Por qué crees que la chica no se va a Portugal con el taxista al final?

6. ¿Por qué crees que se titula así el cortometraje?

Vocabulario útil de la nota cultural

si hubiera estudiado: if I had studied
lo que pudo haber sido: what could have been
atribuir: to attribute
camino: way
chocar: to crash
fijarse: to pay attention

disculpa: apology
rumbo: direction
creer conveniente: to deem fit
artes marciales: marcial arts
enfrentarse: to confront
contrincante: opponent

En grupos de tres contesta

1. ¿Estás de acuerdo con el autor del texto? ¿Crees que pensar en lo que hubiera sido si hubiéramos tomado decisiones diferentes en el pasado nos ayuda a enfrentar mejor las situaciones del futuro? ¿Por qué?

2. ¿Habrías cambiado alguna situación incómoda o desastrosa del pasado si hubieras tomado una decisión diferente? ¿Cuál? Cuéntasela a tu compañero.

NOTA CULTURAL

EL "HUBIERA" NO EXISTE

Haz clic en el hipervínculo para acceder al artículo o usa tu teléfono celular para escanear el código QR para acceder al artículo:

http://www.elmoalanis.com/ensayos/el-hubiera-no-existe.html#ixzz52iXY8RbF

3. ¿Crees que al volver a pensar en lo que hubieras hecho en vez de lo que hiciste en esa situación te va a ayudar en el futuro? ¿cómo?

PRÁCTICA GRAMATICAL

El taxista y Nina se separan al final de la película, pero en realidad no quieren hacerlo. Explica que habría sucedido si hubieran ocurrido las siguientes situaciones. Usa la construcción *Si + Pluperfect Subjuntive, Condicional Compound* para expresar una hipótesis que difícilmente se va a realizar. Ej. Si *hubieras estudiado, habrías aprobado* el examen. (Significa que no estudiaste y es improbable o casi imposible que apruebes). Completa las oraciones añadiendo el *Condicional compuesto* que falta al final de cada frase:

1. Si el taxista le hubiera dicho al nuevo cliente que no estaba libre…
2. Si Nina no se hubiera ido al casting y se hubiera quedado en el taxi con el taxista la primera vez…
3. Si Nina se hubiera olvidado su teléfono móvil en el taxi…
4. Si Nina hubiera conseguido el papel en la película y hubiera visto a Pedro por la calle días después…
5. Si el taxista le hubiera pedido el número de teléfono a Nina antes de entrar al casting la primera vez…

Y AHORA TÚ

Crea un nuevo final para la historia en forma de diálogo con un compañero y represéntalo en clase.

_____

_____

_____

_____

_____

_____

_____

_____

_____

_____

_____

_____

_____

_____

_____

_____

_____

_____

_____

_____

_____

_____

_____

_____

_____

Figure Credits

Fig. 11.1: Source: https://vimeo.com/17207951.
Fig. 11.2: Source: https://vimeo.com/17207951.
Fig. 11.3: Source: https://vimeo.com/17207951.

El orden de las cosas

CORTO-
METRAJE

Haz clic en el
hipervínculo
para acceder al
video o usa tu teléfono celular
para escanear el código QR
para acceder al video:

Gramática: Las expresiones
que usan los verbos de duda
en el subjuntivo II

https://www.youtube.com/
watch?v=hfGsrMBsX1Q

VOCABULARIO ÚTIL

aprender: to learn
malcriado: spoiled
desobediente: disobedient
ayudar: to help
encontrar: to find
buscar: to look for
disfrutar: to enjoy
empeñarse: to insist on
aceptar: to accept
peor: worse

tener miedo: to be afraid
tener vergüenza: to be embarrased
los malos tratos/la violencia
doméstica: domestic violence
el machismo: male chauvinism
derechos: rights
víctimas: victims
abusar: to abuse
pegarle a alguien: to hit someone
abuso psicológico: psychological abuse

ANTES DE VER EL CORTO

Discute con un compañero:

1. ¿Qué te sugiere la imagen de la película de la página anterior?

2. ¿Cómo crees que se siente la chica que está en la bañera?

3. ¿Cómo te sentirías tú si hicieran un corto contigo en una bañera?

DESPUÉS DE VER EL CORTO

Responde a las siguientes preguntas con un compañero:

1. ¿Qué simboliza el cinturón en la historia?

2. ¿Por qué le dice el padre al hijo que busque el cinturón que un día va a ser para él?

3. ¿Qué piensas que simboliza que la madre esté siempre en la bañera bajo el agua?

4. ¿Qué implica que el padre nunca le arregle el avión al hijo? ¿Podría tener alguna relación con su forma de actuar con su mujer?

5. ¿Cuál es la reacción del resto de los personajes? ¿Es diferente la de los hombres a la de las mujeres?

6. ¿Qué implica "portarse como un hombre" según los hombres que aparecen en el corto?

7. ¿Cuál es la disculpa que le da el marido a la mujer?

8. ¿Están felices los personajes del corto?

9. ¿Qué ocurre cuando la mujer le dá el cinturón a su marido?

10. ¿Por qué crees que se llama el corto "El orden de las cosas"?

11. ¿Crees que hay suficientes medidas para frenar a los maltratadores?

12. ¿Qué otras medidas se deberían tomar? ¿Cómo se podría mejorar la situación?

LETRA DE LA CANCION NIÑA

Haz clic en el hipervínculo para acceder al video o usa tu teléfono celular para escanear el código QR para acceder al video:

http://www.musica.com/letras.asp?letra=1558967

PRÁCTICA GRAMATICAL

Lee la letra de la canción de Pedro Guerra titulada "Niña" y di qué te parecen los consejos que le da el cantautor a las niñas. ¿Cuáles les darías tú? Usa el *subjuntivo de duda* con la expresión *quizá* para mostrar qué cosas malas te pueden intentar hacer y el *imperativo informal* para sugerirles lo que debes hacer para evitarlo. Ej.Quizá *te digan* cosas feas, pero *no dejes* que te afecte y *sigue* adelante.

NOTA CULTURAL

SIETE GRÁFICOS PARA SABER MÁS SOBRE LA VIOLENCIA MACHISTA EN ESPAÑA

Observa con atención los datos que contienen los siguientes gráficos y después lee el artículo ayudándote del vocabulario útil que aparece después. Haz clic en el hipervínculo para acceder al artículo o usa tu teléfono celular para escanear el código QR para acceder al artículo:

http://cadenaser.com/ser/2014/11/24/socie-dad/1416856897_729343.html

Vocabulario útil de la nota cultural

violencia de género: domestic violence

aprovación: approval

asesinar: to murder

puesta en marcha: implementation

cifra: number

fallecer: to die

a manos de: at the hands of

a la cola: last in line

repunte: upturn

denunciar: to report a crime

medidas de protección: security measures

en vigor: in force

cursar: to pursue

estar en funcionamiento: to be operational

huella: mark, footprint

marcar: to dial

factura: invoice

tasa: rate

tener en cuenta: to take into account

escalofriante: chilling

En grupos de tres, contesten:

1. ¿Qué conclusión sacas de las estadísticas mostradas en este artículo?

2. Comparte tu punto de vista sobre esta cuestión con tus compañeros utilizando el vocabulario del corto y el que aparece después de la lectura.

Y AHORA TÚ

Debate ¿Crees que este tipo de cine constituye una herramienta eficaz de denuncia social? ¿Por qué? ¿Existen en tu opinión métodos mejores de denuncia social? ¿Cuáles son?

Figure Credits
Fig. 12.1: Source: https://www.youtube.com/watch?v=hfGsrMBsX1Q.

NOTA CULTURAL

*Si te apetece saber más sobre el tema de la violencia doméstica, vete a https://www.youtube.com/watch?v=FxY79rz4xWA y verás una versión muy diferente del cuento de Cenicienta. Se llama *La Cenicienta que no quería comer perdices*. Esta historia está escrita por una mujer que fue maltratada y lo escribió cuando vivía en un refugio para mujeres que sufrieron violencia doméstica. Después, lo puedes comentar con tus compañeros.

https://www.youtube.com/watch?v=FxY79rz4xWA

13

Una feliz Navidad

**CORTO-
METRAJE**

Haz clic en el
hipervínculo
para acceder al
video o usa tu teléfono celular
para escanear el código QR
para acceder al video:

Gramática: El futuro simple

https://www.youtube.com/
watch?v=LLeMELI6304

VOCABULARIO ÚTIL

Estas palabras están colocadas con definiciones incorrectas. Con un compañero, trata de unir las palabras del vocabulario con las definiciones correctas:

TABLE 13.1	
El turrón	Son canciones que se cantan por Navidad.
Los villancicos	Son las frutas redondas y pequeñas que se toman la noche del Fin de año para tener suerte en el año nuevo. Se toman 12 de esas frutas en total, una por campanada del reloj cuando dan las 12 de la noche.
El champán	Es un obsequio que se le da a una persona por su cumpleños o Navidad.
El regalo	Es una bebida que tiene alcohol y se suele beber por Navidad o para celebrar algún acontecimiento importante.
La campana	Es un dulce hecho de miel, azúcar, clara de huevo y almendras tostadas u otros frutos secos. Se suele comer en España por la Navidad.
Las uvas	Son los adornos redondos que se usan para decorar el árbol de Navidad.
El bastón de azucar	Es un instrumento musical de metal que suele colgarse en la parte más alta de las iglesias.
La estrella	Es una planta con la que se suele decorar la casa durante la Navidad.
La zambomba	Es un punto luminoso que se ve en el cielo por la noche.
La corona	Es un dulce que a los niños les encanta.
El acebo	Es una prenda de ropa que se pone en la cabeza para eviar el sol o huir del frío, pero también se usa en forma de cucurucho para las celebraciones de cumpleaños y la del Fin de año (New Year's Eve).
Las bolas	Es una ofrenda floral en círculo.
El gorro	Es un instrumento musical que se suele tocar por la Navidad en España.

ANTES DE VER EL CORTO

Responde con un compañero a las siguientes preguntas:

1. ¿Conoces alguna tradición navideña de España?

2. ¿En tu país también se celebra la Navidad?

3. Si no es así, ¿qué otras fiestas se celebran en su lugar? ¿Tienen el mismo sentido?

4. ¿Os hacéis regalos entre familiares? ¿Decoráis vuestras casas de alguna manera especial?

5. ¿Tienen algo en común las fiestas navideñas en España con las de tu país?

DESPUÉS DE VER EL CORTO

En grupos de tres, respondan a las siguientes preguntas:

1. ¿A quién llama Luis?

2. ¿Por qué no le hacen caso esos cuatro personajes? Explica la razón por la que lo ignoran cada uno de ellos.

3. Teniendo en cuenta los diferentes estados de ánimo por los que ha pasado Luis, interpreta el sentido irónico de las últimas palabras de Luis antes de morirse: "...Si te digo cómo estoy, no te lo vas a creer: Estoy (je) muerto".

4. ¿Por qué crees que se ríe Luis al decir eso?

5. ¿Quiere decir que está muerto de verdad o es que está "muerto" de...?

6. ¿Conoces las expresiones "estar muerto de risa/miedo/hambre..."?

7. Lee las siguientes afirmaciones sobre algunos aspectos sociales y culturales de España y expresa tu acuerdo o desacuerdo con cada una de ellas. Puedes incluir otros estereotipos que tengan que ver con el corto:

- "Los españoles trabajan poco y son muy vagos"
- "Cuando en España se celebran fiestas, la vida laboral se para por completo"
- "A los españoles les encanta hablar por hablar"
- "España es un país muy religioso"
- _____

¿Dónde se reflejan estos tópicos en el corto? ¿Crees que dan una imagen fiel de lo que es España?

Vocabulario útil de la nota cultural

abrazar: to embrace
fe: faith
jovialidad: cheerfulness
trajín: hustle and bustle
soniquete: sound
eminentemente: eminently
soler: tend to be
pantagruélica: huge
manjares: delicacies
opípara: sumptuous
deseos: wishes
madrugada: dawn
creyentes: believers
misa del gallo: Midnight Mass
Dios: God
autóctono: local
el Día de los Santos Inocentes: April Fool's Day is celebrated on December 28th in Spain.
la matanza: the killing
recién nacidos: newborns
inocentadas: pranks
agruparse: to gather

sonar las campanas: to ring the bells
cortar el año: to start the year
brindar: to toast
cava: sparkling wine from Catalonia, Spain
resaca: hangover
encargar: to order
pastelería: bakery
dulcería: candy store
cabalgata: parade
Tres Reyes Magos: The Three Wise Men
paje: page, assistant
lluvia: rain
caramelos, chucherías: candy
conciliar el sueño: to fall asleep
luces: lights
evidenciar: to demostrate
sonrisas: smiles
disfrutar: to enjoy
pasear: to go for a walk
persona amada: loved one

NOTA CULTURAL

LA NAVIDAD EN ESPAÑA

Haz clic en el hipervínculo para acceder al artículo o usa tu teléfono celular para escanear el código QR para acceder al artículo:

http://www.donquijote.org/cultura/espana/sociedad/fiestas-y-celebraciones/las-navidades

A ver si recuerdas las costumbres españolas por Navidad. Contesta a las siguientes preguntas con un compañero utilizando el vocabulario nuevo:

1. ¿Cómo celebran los españoles la Navidad el día 22 de diciembre?

2. ¿Qué hace la gente el 24 de Diciembre por la noche? ¿Cómo se llama en español esa celebración?

3. ¿Qué ocurre el 25 de diciembre en España?

4. ¿Qué se celebra el 28 de diciembre en España? ¿Por qué? ¿Cuál es la celebración equivalente en EE. UU.?

5. ¿Qué hace la gente el 31 de diciembre por la noche? ¿Cómo se llama en español la celebración? ¿Qué hace la gente con las uvas?

6. ¿Cuándo reciben regalos los niños españoles? ¿Cómo se llama esa celebración? ¿Qué otras cosas hacen ese día los niños y familias españolas?

PRÁCTICA GRAMATICAL

Con un compañero, imagina qué pasará después de que se le acabe la batería al teléfono de Luis. Él ha dejado un mensaje en el contestador de su amigo Miguel. ¿Crees que su amigo lo salvará? ¿Qué ocurrirá? ¿Cómo podrá salir de su ataúd? Utilizando *el futuro simple para hacer predicciones en el presente*, adivina qué le ocurrirá a Luis. Túrnate (take turns) con tu compañero para ofrecer las respuestas. Ej. Su madre <u>irá</u> a visitar su tumba en el cementerio y lo <u>escuchará</u> gritar.

*Recuerda, el futuro se forma añadiendo las terminaciones *-é, -ás, -á, -emos, -éis, -án* al *infinitivo* del verbo. Ej. (Yo) comer → comeré. Hay algunos verbos irregulares como: tener (tendré), poner (pondré), salir (saldré), hacer (haré), etc.

_____

_____

_____

_____

_____

_____

_____

_____

_____

_____

_____

_____

_____

_____

_____

_____

Y AHORA TÚ

Escribe un nuevo final para la película en forma de diálogo y represéntalo en clase
con uno o varios compañeros.

_____

_____

_____

_____

_____

_____

_____

_____

_____

_____

_____

_____

_____

_____

_____

_____

_____

_____

_____

_____

_____

_____

_____

Figure Credits
Fig. 13.1: Source: https://www.youtube.com/watch?v=LLeMELl6304&feature=share.

14

El examinador

CORTO-
METRAJE

Haz clic en el
hipervínculo
para acceder al
video o usa tu teléfono celular
para escanear el código QR
para acceder al video:

Gramática: El se impersonal y
los verbos de persuación

https://www.youtube.com/
watch?v=ZnwRQGHsuio

VOCABULARIO ÚTIL

semáforo: traffic light

aprobar: to pass an exam

suspender: to fail an exam (reprobar
in Latin America)

examinarse: to take an exam

peatones: pedestrians

estafa: scam

cinturón: seat belt or belt

aparcar/estacionar: to park (par-
quear in Latin America)

ANTES DE VER EL CORTO

Contesta a las siguientes preguntas en Parejas:

1. ¿Por qué crees que el corto se llama así?

2. Durante un examen de conducir. ¿Qué cosas se deben y no se deben hacer? Ej. Se debe parar cuando el semáforo está en rojo.

3. ¿Te pones nervioso en los exámenes? ¿Qué haces para evitar los nervios?

4. ¿Qué otras cosas te ponen nervioso? ¿Por qué?

NOTA CULTURAL

*En España, la gente tiene que ir a una autoescuela para poder sacarse el carnet de conducir. No se puede practicar con amigos o familiares ni se puede aprender a conducir tomando clases gratis en el colegio como en otros países. Las clases de conducir en España son muy caras y se requiere tomar muchas clases para que se te permita si quiera examinarte de la parte práctica del carnet de conducir.

¿Qué te parece esto? ¿Cómo es en tu país?

En España en el 2006 entró en vigor la ley del "carnet por puntos" para disminuir el número de accidentes de tráfico. Cada conductor tiene 12 puntos y por cada infracción que cometa, se le quita una cantidad de puntos determinada.

¿Es así en tu país? ¿Qué te parece este sistema de puntos?

DESPUÉS DE VER EL CORTO

Contesta a las siguientes preguntas en grupos de tres:

1. ¿Por qué está nervioso el protagonista?

2. El profesor va a parar de mostrarte el vídeo justo después de que aparque el protagonista, ¿Crees que él va a aprobar?

3. El profesor va a mostrarte el resto del corto menos la escena final, ¿Qué crees que va a suceder?

4. ¿Sucede lo que esperabas?

5. ¿Cómo hubieras reaccionado tú?

6. ¿Cuál es en tu opinión la crítica que se hace en este corto?

7. ¿Piensas que es exagerado?

8. ¿En tu país ocurre lo mismo?

9. ¿Piensas que las autoescuelas quieren hacer negocio con la gente?

10. ¿Has aprobado el carnet de conducir a la primera?

11. ¿Qué otro tipo de estafa conoces?

PRÁCTICA GRAMATICAL

Imagínate que trabajas en una autoescuela y te piden elaborar las reglas para el buen conductor. En parejas, discutan cuáles son las prohibiciones y las obligaciones del conductor. Después comparte tus reglas con el resto de la clase. Utiliza el *se impersonal o verbos de obligación y persuasión:*

Ej. No se debe conducir sin cinturón/ No es aconsejable conducir sin cinturón.

_____

_____

_____

_____

_____

_____

_____

_____

Y AHORA TÚ

Mira el siguiente video sobre el "carnet por puntos" https://www.youtube.com/watch?v=OL3_WYZv5RA y dinos qué te parece la idea. ¿Crees que es útil este método?

El profesor va a dividir la clase en dos grupos, uno va a defender el sistema de carnet por puntos y el otro va a estar en contra.

Figure Credits

Fig. 14.1: Source: https://www.youtube.com/watch?v=ZnwRQGHsuio.
Fig. 14.2: Source: https://www.youtube.com/watch?v=ZnwRQGHsuio.
Fig. 14.3: Copyright © 2015 Depositphotos/anyaberkut.

La entrevista

CORTO-
METRAJE

Haz clic en el
hipervínculo
para acceder al
video o usa tu teléfono celular
para escanear el código QR
para acceder al video:

Gramática: El subjuntivo con
oraciones temporales

https://www.youtube.com/
watch?v=-nQTo0aKuw8

VOCABULARIO ÚTIL

jornada laboral: daily working schedule

paro: unemployment

beneficios: earnings

trabajar en equipo: to be able to work well with others, to be a team player

cartas de referencia: reference letters

subrayar: underline, emphasize

pagas extra: bonuses

contrato trimestral: a three month contract

horario: schedule

puesto: job

vestimenta: dress code

¡Enhorabuena!: Congratulations!

ANTES DE VER EL CORTO

Discute con un compañero las siguientes preguntas:

1. ¿Cómo te preparas antes de hacer una entrevista?

2. ¿Qué preguntas no se pueden hacer legalmente en una entrevista?

3. ¿Qué puesto piensas que va a solicitar la persona que va a hacer la entrevista en este corto?

DESPUÉS DE VER EL CORTO

Cambia de compañero y responde a las siguientes preguntas:

1. ¿Cuántos idiomas habla la mujer que se está entrevistando?

2. ¿Cuál es su experiencia laboral? ¿Qué otros trabajos ha tenido?

3. ¿Qué preguntas le hace el entrevistador a la señora?

4. ¿Cuánto salario mensual le ofrece a la señora? ¿Te parece un salario competente?

5. ¿Y cuántos días de vacaciones le ofrece?

6. ¿Qué tipo de contrato le ofrece a la señora? ¿Es un contrato fijo?

7. ¿Qué te parece el final del corto? ¿Te lo esperabas?

8. ¿Qué trabajo te esperabas que iba a conseguir la señora? ¿Por qué?

9. ¿Por qué crees que la señora ha aceptado un trabajo tan por debajo de sus cualificaciones? ¿Tú que harías?

10. ¿Está contenta de haber conseguido el trabajo la señora? ¿Por qué?

PRÁCTICA GRAMATICAL

Utilizando *el subjuntivo con conjunciones de tiempo* di lo que vas a hacer *en el futuro*.
Ej. Cuando (acabar) <u>acabe</u> este semestre, voy a viajar por Europa.

1. Cuando (terminar) _____ la carrera, voy a comprarme un coche.
2. Cuando (ser) _____ un doctor, voy a ayudar a mucha gente.
3. Cuando (vivir) _____ en una ciudad más grande, voy a ir a más eventos culturales.
4. Cuando (ganar) _____ más dinero, voy a comprar una casa grande.
5. Cuando (tener) _____ mucho dinero, lo voy a invertir en la bolsa (the stock market).
6. Cuando (casarme) _____, voy a cuidar mucho a mi pareja.
7. Cuando (tener) _____ 40 años, voy a tener 3 niños.
8. Cuando (envejecer) _____, voy a ir a cenar a casa de mis hijos todos los domingos.

Y AHORA TÚ

A. Comenta con un compañero las dos viñetas cómicas que aparecen en la nota cultural y relaciónalas con el cortometraje.

NOTA CULTURAL

Haz clic en el hipervínculo para acceder a las viñetas, o usa tu teléfono celular para escanear el código QR para acceder al artículo:

http://alvaole.blogspot.com/2012/04/la-entrevista-cortometraje-de-daniel.html

Expresiones útiles

cortándole: cutting him off
soportar: to put up with
sueldo: salary
infame, miserable: horrible
está en lo cierto: you are right
qué duro: how harsh

cuando me pongo: when I get mad
buenas: good morning/good afternoon
empleo: job
directivo: high paying job
¿me está vacilando?: are you kidding me?

B. Escribe una escena de una entrevista y represéntala delante de tus compañeros.

Vocabulario útil de la nota cultural

precariedad: precariousness, instability

ir para largo: to take a long time

puestos de trabajo: job positions

recuperación: recovery

empleo: employment

lento: slow

patrón: pattern

indicio: indication

apuntar: to point

subrayar: to underline

apuntalar: to underpin

firmar: to sign

cotizar: to contribute

difundirse: to spread out

retoques: alterations

empuje: push

escaso: little, poor

pilares: pillars

pese a: in spite of

gravedad: severity

arreglar: to fix

aumentar: to increase

asalariado: employee

mercado: market

reportaje: article

matices: nuances

deterioro: deterioration

parado: unemployed person

crecer: to grow

empresarios: business owners

mano de obra: manual labour, workforce

NOTA CULTURAL

LA PRECARIEDAD LABORAL VA PARA LARGO: ESPAÑA HA DEJADO DE DESTRUIR PUESTOS DE TRABAJO, PERO LA RECUPERACIÓN DEL EMPLEO SERÁ LENTA

Haz clic en el hipervínculo para acceder al artículo o usa tu teléfono celular para escanear el código QR para acceder al artículo:

http://economia.elpais.com/economia/2014/03/07/actualidad/1394227355_704422.html

Discute las siguientes preguntas con un compañero:

1. En tu opinión, ¿cuál es la solución al problema laboral que ocurre en España y otros países de la Unión Europea?

2. ¿Es diferente la situación en tu país? ¿Por qué?

3. ¿Qué harías tú para solucionar ese problema, ya sea en España o en tu país?

Figure Credits

Fig. 15.1a: Source: http://miradadeulises.com/2012/06/la-entrevista-un-cortometraje-a-pie-de-calle/.

Fig. 15.1b: Source: http://miradadeulises.com/2012/06/la-entrevista-un-cortometraje-a-pie-de-calle/.

Las relaciones familiares

In this section, students will learn about family relations and will discuss different scenarios related to this topic. The purpose of this section is to make students familiar with vocabulary and themes related to family relations.

Figure Credits
Fig. 0.4: Copyright © 2014 Depositphotos/monkeybusiness.

Ella o yo

**CORTO-
METRAJE**

Haz clic en el
hipervínculo
para acceder al
video o usa tu teléfono celular
para escanear el código QR
para acceder al video:

Gramática: Si + imperfect
Subjunctive, conditional I

**https://vimeo.
com/50106047**

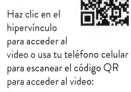

*En Argentina, Uruguay, Paraguay y otros países de Latinoamérica, se utiliza el pronombre personal de segunda persona *vos* en vez de *tú*. También se pronuncia el sonido -ll- como una -sh-. Por ejemplo, la palabra pollo se pronuncia /posho/.

VOCABULARIO ÚTIL

el banquito: a small chair
la mamadera: a bottle for a baby
la plata: money (in Argentina)

el bicho: animal (informal)
con todas las letras: clearly
hacerse cargo (de): to take care of

ANTES DE VER EL CORTO

Contesta con un compañero:

1. Cuándo eras pequeño, ¿tus padres estaban siempre de acuerdo a la hora de educarte?

2. ¿Quién era más estricto, tu papá o tu mamá?

3. ¿Recuerdas alguna anécdota en la que no se pusieran de acuerdo o tu papá o mamá se metiera en problemas por hacerte caso?

4. ¿Qué efectos positivos o negativos puede tener una mascota en un hogar?

DESPUÉS DE VER EL CORTO

Discute con un compañero:

1. ¿Cuál es el conflicto del corto? ¿Qué ultimátum le dá la mujer al marido?

2. ¿Qué decide al final el marido? ¿Por qué?

PRÁCTICA GRAMATICAL

¿Qué harías en las siguientes situaciones? Usa la construción gramatical *Si + Imperfect Subjuntive, Conditional* para expresar situaciónes que a lo mejor pueden ocurrir. Ej. Si estudiara más, aprobaría el examen. (Significa que es probable que apruebe si estudio más).

– Si (ser, yo) _____ la mujer, (echar) _____ a mi marido de casa.

– Si (ser) _____ el hombre, (comprar) _____ otra llama y (expandir) _____ el negocio.

– Si (ser) _____ el niño, (abrazar) _____ a mi papá todos

los días porque me dejó quedarme con la llama.

– Si (ser) _____ el director del corto, (cambiar) _____ el final.

– Si le (pasar) _____ eso a mi madre, ella no (saber) _____ que hacer.

NOTA CULTURAL

LOS 7 BENEFICIOS DE TENER UNA MASCOTA EN CASA: CONVIVIR CON UN ANIMAL TAMBIÉN NOS REPORTA BENEFICIOS PSICOLÓGICOS.

Haz clic en el hipervínculo para acceder al artículo o usa tu teléfono celular para escanear el código QR para acceder al artículo:

https://psicologiaymente.net/vida/beneficios-tener-mascota-casa

Vocabulario útil de la nota cultural

mascota: pet

convivir con: to live together with

reportar: to produce

actualmente: nowadays

amplio: wide

paseos: walks

dueños: owners

adecuado: appropriate

confiado: assured

proporcionar: to provide

mejorar: to improve

útil: useful

surgir: to arise

inagotable: inexhaustible

demasiado: too much

aliados: allies

cuidar: to take care of

patente: evident

hogar, domicilio: home

Contesta a las siguientes preguntas en grupos de tres:

1. ¿Estás de acuerdo con el artículo o no? ¿Por qué?

2. ¿Tienes mascotas?

3. Si tienes mascotas, cuéntale a tu grupo qué beneficios te aporta a ti tener esa mascota y qué problemas.

4. Si pudieras tener más mascotas, ¿cuáles tendrías? ¿Por qué?

Y AHORA TÚ

Escribe un diálogo cómico entre el marido y la mujer del corto en el que él le cuenta a la mujer cuando llega a su casa que todavía tiene la llama. Represéntalo delante de los compañeros.

_____

_____

_____

_____

_____

_____

_____

_____

_____

_____

_____

_____

_____

_____

_____

_____

_____

_____

_____

_____

_____

Figure Credits
Fig. 16.1: Source: https://www.youtube.com/watch?v=f41Z-dq86I0.
Fig. 16.2: Source: https://www.youtube.com/watch?v=f41Z-dq86I0.

17

La ruta natural

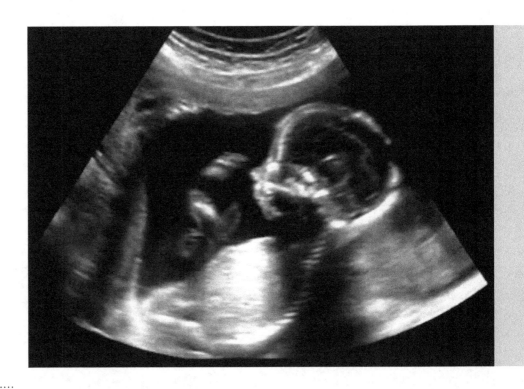

CORTO-METRAJE

Haz clic en el hipervínculo para acceder al video o usa tu teléfono celular para escanear el código QR para acceder al video:

Gramática: El presente de indicativo y los verbos recíprocos

https://vimeo.com/25638978

VOCABULARIO ÚTIL

A. Palabras útiles para discutir el corto:

nacer: to be born

crecer: to grow up

conocer a alguien: to meet someone

enamorarse: to fall in love

casarse: to get married

tener un bebé: to have a baby

morir: to die

moto: motorcycle

enfadarse: to get mad at someone

suicidarse: to commit suicide

B. En el cortometraje aparece una expresión relacionada con el color blanco: "Seguir en blanco" ¿Sabes el significado de la expresión?

En español hay otras expresiones coloquiales en las que se utilizan colores. Intenta asociar cada expresión con su significado:

1. Ver las cosas de color de ROSA
2. Ser un viejo VERDE
3. Ponerse MORADO
4. Estar sin BLANCA
5. Ser un príncipe AZUL
6. Ponerse COLORADO
7. Ir de punta en BLANCO
8. Poner VERDE a alguien
9. Pasar la noche en BLANCO
10. Verlo todo NEGRO

a. Comer muchísimo
b. No tener dinero
c. Ruborizarse
d. Ir muy arreglado y elegante
e. Verlo todo de forma optimista
f. Hablar mal de otra persona
g. Ser pesimista
h. Ser el hombre ideal
i. Comportarse de manera obscena
j. No dormir nada

PRÁCTICA GRAMATICAL

Cuéntale a un compañero lo que crees que va a ocurrir en este corto según las imágenes siguientes usando el *presente de indicativo* (tienen un bebé) o *los verbos recíprocos* (Ej. se conocen, se enamoran,...)

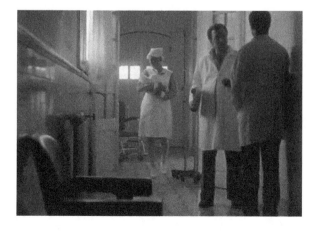

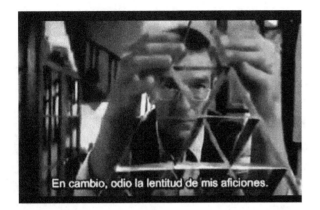

En cambio, odio la lentitud de mis aficiones.

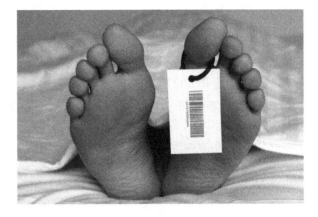

ANTES DE VER EL CORTO

Con un compañero, contesta a las siguientes preguntas:

1. Ordena los siguientes periodos vitales:
    juventud, tercera edad, infancia, edad adulta

2. ¿Qué ventajas y qué desventajas crees que tiene cada etapa de la vida?

3. En tu opinión, ¿cuál es la mejor?

4. Si te dieran la oportunidad de cambiar algo en tu vida, ¿qué cambiarías?
    ¿Por qué?

DESPUÉS DE VER EL CORTO

Discute con un compañero las preguntas que aparecen a continuación:

1. ¿Es el tema del corto el que te habías imaginado?

2. ¿Has intentado leer el título del corto al revés? ¿Qué sucede?

3. Este fenómeno lingüístico se conoce como palíndromo ¿se te ocurre algún
    palíndromo en tu lengua? ¿Y en español?

4. ¿Quién crees que es el chico de la foto que quema el hombre?

5. ¿Por qué crees que discuten tanto el hombre y la mujer?

6. *Ésta es la interpretación del director del corto:*

"Queríamos mostrar que hay cosas inevitables en esta vida. Cosas que ni yendo hacia atrás uno puede esquivar. Al principio solamente veíamos los beneficios de volver atrás, rejuvenecer, ver volver de la muerte a tus seres queridos, etc. Pero pronto nos dimos cuenta de que no se puede escapar al sufrimiento y al dolor. Todo lo que ganas, tarde o temprano lo pierdes, todo está condenado a desaparecer. Hay que aceptar que nada es para siempre, que todo se desvanece y que el dolor es inevitable. Eso no quiere decir que no se pueda disfrutar por el camino. Al ir hacia delante, tenemos la memoria, las huellas que dejamos al pasar por la vida. Nada espectacular tampoco. No hace falta dejar una obra de arte que sobreviva mil años. Simplemente amigos, un hijo, alguien que nos recuerde".

Fragmento de una entrevista con el director. Extraído de la revista ClubCultura de la FNAC., 13 de junio de 2005.

¿Qué opinas de lo que dice el director del corto? ¿Estás de acuerdo? ¿Querrías volver hacia atrás en tu vida? ¿Por qué?

AHORA TÚ

En grupos de tres, elijan a un compañero de clase e imaginen como será su vida en el futuro. Preséntenla al revés delante del resto de la clase pero no digan quien es la persona que describen para ver si el resto de los estudiantes adivinan quién es.

_____

_____

_____

_____

_____

_____

_____

_____

_____

_____

NOTA CULTURAL

¡¡¡La vida debería ser al revés!!! Se debería empezar muriendo y así ese trauma está superado. Luego te despiertas en una residencia mejorando día a día. Después te echan de la residencia porque estás bien y lo primero que haces es cobrar tu pensión. Luego en tu primer día de trabajo te dan un reloj de oro. Trabajas 40 años hasta que seas bastante joven como para disfrutar del retiro de la vida laboral. Entonces vas de fiesta en fiesta, bebes, practicas el sexo y te preparas para empezar a estudiar. Luego empiezas el cole, jugando con tus amigos, sin ningún tipo de obligación, hasta que seas bebé. Y los últimos 9 meses te pasas flotando tranquilo. Con calefacción central, servicio de habitaciones, etc... Y al final abandonas este mundo en un orgasmo.

https://www.goodreads.com/quotes/604573-la-vida-deberia-ser-al-reves-se-deber-a-empezar-muriendo

Vocabulario útil de la nota cultural

al revés: backwards
residencia: nursing home
cobrar: to collect
disfrutar: to enjoy

jubilación: retirement
flotar: to float
calefacción central: central heating
abandonar: to leave

Con un compañero contesta

¿Estás de acuerdo con el autor de este texto? ¿Prefieres la vida tal y cómo la conocemos o es mejor la que nos propone Quino?
Usa las siguientes expresiones para opinar sobre el tema:

En mi opinión....
Me parece que...
Creo que...

Bajo mi punto de vista....
No creo que...

Usa las siguientes expresiones para reaccionar a las opiniones de tus compañeros:

Estoy totalmente de acuerdo contigo
¿Tú crees?
Por supuesto
En absoluto

Claro que sí
Para nada
Pero, ¿qué dices?

Figure Credits

Fig. 17.1: Copyright © 2013 Depositphotos/jovannig.
Fig. 17.2: Source: https://www.youtube.com/watch?v=NkUW3p_Bybs.
Fig. 17.3: Source: https://www.youtube.com/watch?v=NkUW3p_Bybs.
Fig. 17.4: Source: https://www.youtube.com/watch?v=NkUW3p_Bybs.
Fig. 17.5: Copyright © 2015 Depositphotos/Kzenon.
Fig. 17.6: Source: https://www.youtube.com/watch?v=NkUW3p_Bybs.
Fig. 17.7: Copyright © 2011 Depositphotos/pertusinas.
Fig. 17.8: Copyright © 2014 by ActuaLitté, (CC BY-SA 2.0) at https://commons.wikimedia.org/wiki/File:Quino_(Mafalda)_re%C3%A7oit_la_L%C3%A9gion_d%27Honneur_au_Salon_du_Livre_de_Paris_2014_(13331523914).jpg.

CAPÍTULO

En la memoria

VOCABULARIO ÚTIL

cortarle las alas a alguien: to not let someone do what they want
panadero: baker
receta: recipe

he venido por el boca a boca: I know you by word of mouth
esperanza: hope
la caída: the fall

ANTES DE VER EL CORTO

En parejas, contesta a las siguientes preguntas

1. ¿Qué colores predominan en la imagen de arriba? ¿Cómo te hacen sentir?

CORTO-METRAJE

Haz clic en el hipervínculo para acceder al video o usa tu teléfono celular para escanear el código QR para acceder al video:

Gramática: El uso del imperativo informal (para dar instrucciones en recetas) III

https://vimeo.com/4328515

91

2. ¿Qué significado tiene para ti la palabra memoria? ¿Qué piensas que significa en este contexto?

3. ¿De qué crees que va a tratar la película?

DESPUÉS DE VER EL CORTO

En grupos de tres, contesten a las siguientes preguntas:

1. La abuela de Damián tiene Alzheimer. ¿En qué consiste esta enfermedad? ¿Cuáles son los síntomas?

2. El Alzheimer no solo afecta a la persona que lo padece, sino a la familia. ¿Cómo se refleja esto en la película?

3. ¿Es la llegada de Nadia a la vida de Damián algo positivo o negativo?

4. Lee el siguiente diálogo tomado del corto

Damián: Es una gran oportunidad, abuelo, pero es en Barcelona.

Abuelo: Pero Damián... Esto es Madrid y Barcelona está a más de 600 kilómetros. Yo no quiero cortarte las alas, hijo, pero ya lo ves.

Damián: Podría ponerte a una señora que cuidara de la abuela e hiciera la casa. Así tendrías más tiempo para tus libros y para tu música. Me pagarán bien, y estaré aquí los fines de semana.

Abuelo: ¿Tú te comprometes a todo lo que estás diciendo, Damián? ¿Sí?

(Damián asiente)

Abuelo: Bueno... Anda, ¡vuela, pajarillo!

Abuela: ¡Vuela pajarillo, vuela!

¿Estás de acuerdo con la decisión de Damián? ¿Por qué?

5. ¿Qué crees que significa la expresión "¡Vuela, pajarillo, vuela!"?

6. ¿Tiene la historia un final optimista o pesimista? ¿Por qué?

7. En tu opinión, ¿cómo se podría mejorar la vida de las personas con Alzheimer?

NOTA CULTURAL

¿QUÉ ES LA ENFERMEDAD DE ALZHEIMER?

Haz clic en el hipervínculo para acceder al artículo o usa tu teléfono celular para escanear el código QR para acceder al artículo:

https://www.cdc.gov/aging/spanish/aginginfo/alzheimers.html

Vocabulario útil de la nota cultural

comportarse: to behave

envejecimiento: ageing

la vida cotidiana: daily life

empeorar: to worsen

pérdida: loss

gozar: enjoy

Con un compañero, contesta a las siguientes preguntas

1. ¿Qué te parece el texto que has leído?

2. ¿Conoces alguna otra enfermedad degenerativa?

3. ¿Qué harías tú si alguno de tus familiares queridos tuvieran una enfermedad así?

4. ¿Qué vas a hacer con tus padres cuando se hagan mayores? ¿Van a vivir contigo, con uno de tus hermanos o en un asilo? ¿Por qué?

5. ¿Has pasado por alguna situación dura con tu familia? ¿Cuál? ¿Cómo lo superaste?

PRÁCTICA GRAMATICAL

El protagonista del corto trabaja en la pastelería de su familia ¿Cuál es tu postre o pastel favorito? ¿Sabes prepararlo? Si es así, dale la receta y explícale a un compañero cómo hacerlo usando el *imperativo informal*. Si no, búscalo por internet en español, escríbelo y explícaselo después a tu compañero. Ej. Mi postre favorito es el pastel tres leches. Se hace de la siguiente manera: En un cuenco *pon* harina, *bate* dos huevos y *añádelos* a la mezcla, ...

_____

_____

_____

_____

_____

_____

_____

_____

_____

_____

_____

_____

_____

_____

_____

_____

_____

_____

Figure Credits
Fig. 18.1: Source: https://vimeo.com/4328515.

As de corazones

VOCABULARIO ÚTIL

¿Qué piensas que significan las siguiente palabras que van a aparecer en el corto? Discútelo con tu compañero y si no lo descubres solo, pregúntale a tu profesor:

colega

cambiar el chip

chiquillo

los tiempos cambian

ANTES DE VER EL CORTO

Con un compañero, discute las preguntas siguientes:

1. ¿Qué crees que significa el título del corto?

CORTO-
METRAJE

Haz clic en el hipervínculo para acceder al video o usa tu teléfono celular para escanear el código QR para acceder al video:

Gramática: El pretérito frente al imperfecto I

https://vimeo.
com/30729620

2. Escucha la primera escena del corto sin ver las imágenes y dile a tu compañero de qué crees que trata. ¿Qué tipo de película es? ¿Es de terror, de amor, es una película cómica...?

3. En tu opinión, ¿qué relación existe entre las personas en esta escena?

4. ¿Piensas que el abuelo es feliz? ¿Por qué?

5. Según lo que escuchaste en la conversación telefónica, ¿cuál piensas que es la relación entre el padre y la hija?

6. ¿Por qué crees que el abuelo no tiene relación con su nieta ni con su hija?

DESPUÉS DE VER EL CORTO

Con un compañero, contesta si las siguientes afirmaciones sobre el corto son verdaderas o falsas. Si son falsas, corrígelas:

1. Manel y su amigo juegan a un juego que se llama "el solitario".

2. A la niña no le gusta la tortilla de patatas.

3. La niña no quiere salir a pasear porque tiene miedo.

4. El abuelo y la niña hacen trampa en el juego de cartas.

5. Manuel come en el bar.

6. Manuel es muy feliz.

7. El abuelo quiere a la niña porque es guapa.

8. La madre le pide a su padre que cuide a la niña porque no tiene a nadie más.

9. La niña se llama Marimar.

10. Poner el pijama es más fácil que jugar al parchís.

11. La niña es tan lista como el resto de la familia.

12. El abuelo sabe ponerle el pijama a la niña.

Vocabulario útil de la nota cultural

tomar peso: to increase in importance

vástago: descendant, kid

encabezada por: led by

viuda: widow

solteros: singles

Contesta a las siguientes preguntas con tu compañero:

1. ¿Quiénes son los miembros de tu familia?

2. ¿Qué tipos de familias conoces? ¿Cómo les va? ¿Son felices?

3. En tu opinión, ¿cuál es el secreto para ser una familia feliz? ¿Tiene que ver con el sexo, número, religión o cultura de los integrantes de esa familia? ¿Por qué?

NOTA CULTURAL

Los datos facilitados por el Instituto Nacional de Estadística (INE) para conmemorar el Día Internacional de la Familia revelan que en España van tomando peso nuevas formas de familia. Aunque predomina el modelo de la pareja con dos hijos (22,2%), ha aumentado el número de hogares unipersonales (20,3%) y las uniones que no tienen ningún vástago (19,4%). También ocupan su lugar las familias monoporentales, en cuyo caso 9 de cada 10 están encabezadas por mujeres. Del total de estos hogares, 200.000 son de separados, 62.000 de viudas, 43.500 de solteros...

http://www.abc.es/hemeroteca/historico-15-05-2004/abc/Sociedad/los-nuevos-tipos-de-familias_9621495504154.html

PRÁCTICA GRAMATICAL

Al igual que el autor del corto, Maitena, una historietista argentina, también piensa que hay una diferencia entre el comportamiento de antes y de ahora de los niños. Usa el *imperfecto* para indicar como era la educación de los hijos antes y el *presente* para indicar como es ahora. Las viñetas de Maitena muestran cómo es la educación de los hijos ahora. Puedes utilizar los verbos de abajo para ayudarte a formular tus comparaciones. Ej. Antes los hijos *eran* educados y agradecidos, pero ahora *son* egoístas y malcriados.

Expresiones útiles

ser educado: to be polite
ser agradecido: to be thankful
ser egoísta: to be selfish
ser un malcriado: to be a spoiled brat
hacer caso a alguien: to listen to someone
jugar con aparatos electrónicos: to play with electronic devices
ayudar a la gente mayor: to help older people
llevarle la compra a alguien: to carry someone's groceries
acostarse: to go to bed
educar: to raise
ponerse duro: to be tough

tener: to have
ir: to go
comprarle algo a alguien: to buy something for someone
llevar a alguien a algún sitio: to take someone somewhere
permitirle algo a alguien: to allow someone to do something

_____

_____

_____

_____

_____

_____

_____

_____

_____

Y AHORA TÚ

Enséñale a un compañero fotos de diferentes etapas de tu vida para hablar del *pretérito imperfecto*.

¿Cómo eras cuando eras pequeño? Habla de tu físico, tu carácter, la ropa, el colegio, las vacaciones, las relaciones con la familia, la profesión que querías tener, etc. ¿Cómo eres ahora?

Figure Credits

Fig. 19.1: Copyright © 2013 Depositphotos/eldadcarin.
Fig. 19.2a: Source: http://clubdemadresypadres.blogspot.com/2010/05/los-ninos-necesitan-limites.html.
Fig. 19.2b: Source: http://clubdemadresypadres.blogspot.com/2010/05/los-ninos-necesitan-limites.html.
Fig. 19.2c: Source: http://clubdemadresypadres.blogspot.com/2010/05/los-ninos-necesitan-limites.html.
Fig. 19.2d: Source: http://clubdemadresypadres.blogspot.com/2010/05/los-ninos-necesitan-limites.html.

20

Beta

**CORTO-
METRAJE**

Haz clic en el
hipervínculo
para acceder al
video o usa tu teléfono celular
para escanear el código QR
para acceder al video:

Gramática: Los comparativos
y superlativos

**https://www.lavanguardia.
com/cinergia**

VOCABULARIO ÚTIL

ahorrar: to save money
te dejo: I have to go
folletos: fliers
sitios: places
mando a distancia: remote control
cerveza: beer
por fin: finally
una tele: a TV
viajar: to travel
partir: to break

estar de promoción: to be on sale
fechas: dates
curro: a job
profundo: deep
odio: hate
vengarse: to revenge
consejos para ahorrar energía: advise
to save energy
la bombilla: the bulb
atascado: stuck
estropearse: to get ruined

ANTES DE VER EL CORTO

En parejas, contesten a las siguientes preguntas:

1. ¿Qué consejos le darías a tu compañero para ahorrar energía en la casa?

2. ¿Crees que los hombres y las mujeres quieren cosas diferentes?

3. ¿Qué quieren los hombres? ¿Y las mujeres?

4. ¿Cómo crees que los hombres y las mujeres se podrían comunicar mejor?

5. El profesor va a parar el video en el minuto 13:19. ¿Qué piensas que va a hacer la mujer? Haz predicciones.

DESPUÉS DE VER EL CORTO

En parejas, contesten a las siguientes preguntas:

1. ¿Qué te parece lo que le hace la mujer al marido? ¿Por qué no se divorcia?

2. ¿Qué harías tú?

3. ¿Qué comportamientos te molestan de tu pareja?

4. ¿Qué comportamientos crees que deberías mejorar tú?

5. ¿Qué te pareció el corto? ¿por qué?

6. ¿Qué quieren los hombres? ¿Y qué quieren las mujeres?

7. ¿Podrías relacionar cada consejo que se da en el corto para ahorrar energía con lo que la mujer le está haciendo a su marido en la historia? Discútelo con tu compañero.

Para ahorrar energía debes:

a. Comprar un termostato que regule la temperatura ahorra energía.

b. Sellar puertas y ventanas para evitar que se escape el aire acondicionado.

c. Si tu cocina está muy caliente es conveniente apagarla 5 minutos antes para usar el calor residual.

d. Sustituir las bombillas incandescentes por una tipo led evita el riesgo de un consumo muy elevado. También son imprescindibles para que no se produzcan caídas súbitas.

e. Hay que desenchufar los aparatos que no sean imprescindibles.

f. Si tus electrodomésticos se han quedado obsoletos, hazte con otros más eficientes.

PRACTICA GRAMATICAL

Crea oraciones comparativas de igualdad (tan + adjective + como), de superioridad/inferioridad (mas/menos + adjective + como) u oraciones superlativas (El/La más + adjective + de todos, as) utilizando los adjetivos de abajo. Ej. Las mujeres son tan listas como los hombres.

Listo/a

Organizado/a

Perezoso/a (lazy)

Trabajador/a

Arriesgado/a (risky)

Egoista

Sensible

Despistado/a (distracted)

Limpio/a

Vocabulario útil de la nota cultural

entristecerse: to get sad

dañar: to break, to hurt

acabarse: to run out of

secadora: dryer

elegir: to choose

frasco: bottle

enfermarse: to get sick

cansado/a: tired

espejo: mirror

peluquería: hair salon

fleco: bangs

rizarse el pelo: to curl your hair

decolorarse el pelo: to dye your hair

mechón de pelo: lock of hair

rubia: blond

cortarse el pelo: to cut your hair

entrenador: trainer

to envy: envidiar

músculos: muscles

ir de compras: to go shopping

peso: weight

ponerse: to put on, to wear

obligar: to force someone to do something

aspecto: look

súper: supermarket

alimentos: food

antojársete algo: to crave something

dulce: sweet

salado: salty

estrenar: to wear for the first time

cerveza: beer

procedencia: origin, source

gratuitas: free

calmarse: to calm down

limpiar: to clean

visitas: company, visitors

sucio/a: dirty

NOTA CULTURAL

Haz clic en el hipervínculo para acceder al artículo o usa tu teléfono celular para escanear el código QR para acceder al artículo:

https://genial.guru/admiracion-curiosidades/16-diferencias-entre-hombres-y-mujeres-en-graficas-429210/

Con un compañero, contesta a las siguientes preguntas:

1. ¿Qué diferencias hay entre los hombres y las mujeres según el artículo? Utiliza los comparativos y superlativos. Ej. Los hombres son más sucios que las mujeres.

2. ¿Qué cuadro (chart) te resulta mas gracioso? ¿Por qué crees que es así?

3. ¿Crees que alguno de los cuadros es totalmente cierto?

4. En parejas, creen un gráfico sobre las diferencias entre los hombres y las mujeres y después muéstrenselo a los compañeros.

5. ¿Qué opinas de los gráficos de los compañeros? Usa las siguientes expresiones con indicativo o subjuntivo para contestar. Ej. Creo que es cierto que a las mujeres les importa más el aspecto externo del coche, pero no creo que sea cierto que los hombres vayan al gimnasio para conocer a la instructora.
Creo que + indicative

No creo que + subjunctive

Y AHORA TÚ

Debate: El profesor va a dividir la clase en dos grupos. Un grupo va a argumentar que los hombres y las mujeres nacen iguales y es la sociedad y la familia la que hacen que actúen de una manera específica y les gusten determinadas cosas. El otro grupo va a argumentar que los hombres y las mujeres ya nacen muy diferentes y por eso piensan diferente y les gustan cosas diferentes.

Figure Credits

Fig. 20.1: Source: https://cortosdemetraje.com/reparto/alfonso-lara/.
Fig. 20.2: Source: https://www.lavanguardia.com/cinergia.
Fig. 20.3: Copyright © 2014 Depositphotos/monkeybusiness.
Fig. 20.4: Source: https://agenda.taiarts.com/madrid-premiere-week-presentacion-cortometraje-cinergia/#gref.

La identidad, las presiones sociales y los sueños de futuro

I n this section, students will discuss gender construction and identity, the concept of beauty in Western society and the effect and causes of bullying at school.

The purpose of this section is to remind students to be who they are regardless of social pressure. Students will learn new vocabulary and discuss personal stories and scenarios to understand the reason for certain situations. Students will review the grammatical aspects indicated below.

Figure Credits
Fig. 0.5: Copyright © 2014 Depositphotos/karelnoppe.

CAPÍTULO

21

La suerte de la fea a la bonita no le importa

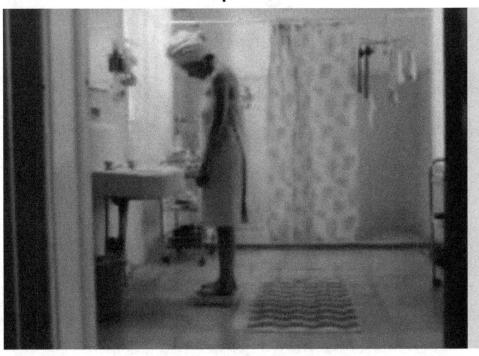

**CORTO-
METRAJE**

Haz clic en el hipervínculo para acceder al video o usa tu teléfono celular para escanear el código QR para acceder al video:

Gramática: El se impersonal y el se pasivo

https://vimeo.
com/29970125

VOCABULARIO ÚTIL

güerita: slang for blond girl (in México)
chichis: slang for breasts (in México)
nalgas: bottom

ANTES DE VER EL CORTO

Contesta a las siguientes preguntas con un compañero:

1. ¿Qué cosas te gustan de tu cuerpo y qué cosas no te gustan?

106

2. ¿Crees en la cirugía estética? ¿Por qué?

3. ¿Sientes presión de ser de cierta manera físicamente?

4. ¿Qué consecuencias tiene el que los medios de comunicación nos muestren una imagen poco realista de la belleza física femenina o masculina?

5. ¿Cómo crees que se pueden evitar esas presiones de la sociedad y de los medios de tener un aspecto determinado?

6. ¿Qué otras presiones externas sientes?

7. Describe las siguientes imágenes e intenta adivinar el tema del corto que verás a continuación.

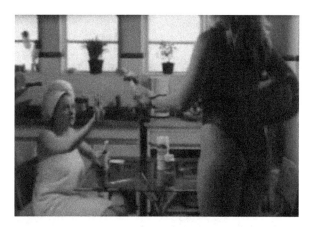

DESPUÉS DE VER EL CORTO

En grupos de tres, contesten las siguientes preguntas:

1. ¿Qué quiere la protagonista del corto?

2. ¿Qué te parece el final? ¿Lo esperabas?

3. ¿Qué piensas de los cuentos de hadas tradicionales como "La bella durmiente" o "La cenicienta" en la que las protagonistas tienen que ser físicamente de cierta manera y tienen que esperar a un príncipe que venga a salvarlas?

4. ¿Han cambiado los cuentos o películas infantiles actualmente? ¿Conoces alguno que presente una visión diferente de la protagonista?

NOTA CULTURAL

BELLEZA ¿UN DESAFÍO PELIGROSO?

Haz clic en el hipervínculo para acceder al artículo o usa tu teléfono celular para escanear el código QR para acceder al artículo:

http://www.fundacionben-goa.org/informacion_nutri-cion/belleza.asp

Vocabulario útil de la nota cultural

desafío: challenge
peligroso: dangerous
la belleza: beauty
deleite: delight
hermoso: beautiful
los medios de comunicación: mass media
otorgar: to grant
valores: values
conducta, comportamiento: behaviour
vanidoso: vain
agregado: added

encargarse de: to handle something
formas corporales: body shapes
provecho comercial: commercial benefit
exacerbada: aggravated
preocupación: concern
cuidar: to take care of
nutrir: to nourish
mantener la forma física: to stay in shape
cumplir: to fulfill
exigencias: demands
moda: fashion, trend

requisito indispensable: essential requirement
delgada: thin
rostro: face
juventud: youth
alcanzar: to achieve
envejecer: to age
musculoso: muscular
surgir: to emerge
minucioso: detailed, careful
apariencia: appearance
moldear: to shape
gusto: taste
en vigencia: in effect, in force
búsqueda: search
maquillaje: makeup
por medio de: through
relleno: padding, fillers

fajas: girdles, corsets
dieta: diet
entrenamiento: training
pastillas: pills
salud: health
guiar: to guide
autoestima: self-esteem
desencadenar: to trigger
trastornos: disorders
errada: wrong
dicho: such
temor: fear
atracón: binge eating
purgantes: laxatives
culpa: guilt
bienestar: well-being
cutis: skin, complexion

Contesten a las siguientes preguntas en grupos de tres. Intenten utilizar las palabras del vocabulario nuevo:

1. ¿Qué piensas de lo que dice el texto?

2. ¿Estás de acuerdo? ¿Con qué aspectos específicamente?

3. ¿Conoces a alguien con problemas alimenticios o vigorexia (adicción al ejercicio) a causa de las presiones externas de estar delgado?

4. ¿Qué le dirías a tu hija o hijo si te dice que se ve gordo o gorda pero realmente no lo está?

5. ¿Se te ocurre algún otro consejo que darle a alguien que tenga muchas presiones externas a ser de cierta manera o quiera hacer ciertas cosas para ser popular?

PRÁCTICA GRAMATICAL

Utilizando el *se impersonal* y el *se pasivo* cuéntale a tu compañero las cosas que piensas que se deben hacer y las que no para ser popular en tu colegio o universidad.

Ej. *Se pide* perdón

Ej. *Se ignoran* los comentarios ridículos (silly).

Explicación gramatical:

Se usa el pronombre SE para expresar procesos impersonales, es decir, cuando el sujeto de la acción no es importante o no aparece en la oración y lo que importa es la acción.

Se usa SE + VERBO en 3ª persona singular o plural, dependiendo de si el nombre que le sigue es singular o plural.

Y AHORA TÚ

En grupos de tres o cuatro personas, elijan un cuento de hadas tradicional, adáptenlo para que tenga una perspectiva o final diferente, escríbanlo en diálogo y represéntenlo delante del resto de la clase.

_____

_____

_____

_____

_____

_____

_____

_____

_____

_____

_____

_____

Figure Credits

Fig. 21.1: Source: https://www.youtube.com/watch?time_continue=15&v=N4BFuVXT5nU.
Fig. 21.2: Source: https://www.youtube.com/watch?time_continue=15&v=N4BFuVXT5nU.
Fig. 21.3: Source: https://www.youtube.com/watch?time_continue=15&v=N4BFuVXT5nU.
Fig. 21.4: Source: https://www.youtube.com/watch?time_continue=15&v=N4BFuVXT5nU.
Fig. 21.5: Source: https://www.youtube.com/watch?time_continue=15&v=N4BFuVXT5nU.
Fig. 21.6: Source: https://www.youtube.com/watch?time_continue=15&v=N4BFuVXT5nU.

No soy como tú

VOCABULARIO ÚTIL

furgón: van
gas químico: chemical gas
camión cisterna: tanker
productos tóxicos: toxic products
mentira: lie
peligro: danger
fuga: spill
tener precaución: to be careful
la suerte: luck
¡déjame en paz!: leave me alone

marica: gay (derogatory)
¡cállate de una vez!: shut up at once!
estar preocupado: to be worried
apuntar: to write down
exagerar: to exagerate
las noticias: the news
accidente: accident
heridos: wounded, hurt
quedarse: to stay
un accidente grave: a serious accident

CORTO-METRAJE

Haz clic en el hipervínculo para acceder al video o usa tu teléfono celular para escanear el código QR para acceder al video:

Gramática: Las expresiones que usan los verbos de influencia en el subjuntivo.

https://www.youtube.com/watch?v=E4B3lq8XDdE

preocuparse: to worry

hacerle ilusión a alguien: to be excited about something

decepción: disappointment

ocultar: to hide

fácil: easy

ANTES DE VER EL CORTO

Discute las siguientes preguntas en grupos de tres:

1. ¿A qué crees que hace referencia el título del corto? ¿Cuál crees que será el tema?

2. ¿Has salido alguna vez con alguien por tus padres o amigos y no realmente porque tú quisieras?

3. ¿Crees que los homosexuales, lesbianas, transexuales o bisexuales tiene los derechos que se merecen? ¿Qué camino les falta por recorrer?

4. ¿Qué podríamos hacer para evitar la discriminación hacia estos grupos?

5. ¿Qué otras personas o grupos se sienten discriminados hoy en día? ¿Qué podríamos hacer para solucionarlo?

DESPUÉS DE VER EL CORTO

En grupos de tres, contesten a las siguientes preguntas:

1. ¿Qué sucede en la historia? Cuéntasela a tu compañero usando las palabras de vocabulario.

2. ¿Por qué quiere el chico que vive en la casa que se vaya el otro chico lo antes posible?

3. ¿Quién es la chica de las fotos?

4. ¿Por qué se encierra uno de los chicos en el baño? ¿Qué le pasa?

5. ¿Por qué crees que el chico invitado no le dá el teléfono verdadero al otro chico al final?

PRÁCTICA GRAMATICAL

Piensa que eres un consejero y que las siguientes personas te piden consejo sobre sus problemas y preocupaciones. ¿Qué les dirías? Usa *el subjuntivo de influencia en el presente* para aconsejar a tus pacientes. *Asegúrate de usar dos sujetos diferentes.* Trabaja con un compañero y túrnate con él para ofrecer las respuestas.

Ej. Mi esposo no me hace caso y no me dice cosas bonitas. Yo te aconsejo/sugiero que hables con él y le digas como te sientes.

1. Mi hermana toma drogas.
2. Mis padres se pelean todo el tiempo.
3. Mi hermano no estudia.
4. No entiendo a mi profesor de biología.
5. Mi madre no come sano y no hace ejercicio.
6. Mis padres gastan demasiado dinero.
7. Mi profesor me manda mucha tarea y no tengo tiempo de hacerla.
8. Quiero un perro pero mis padres no quieren comprarme uno.
9. Mi hermana es gay y no se atreve a decírselo a mis padres.
10. Choqué y destrocé el coche nuevo de mi padre.

NOTA CULTURAL

UN ESTUDIO SEÑALA QUE ESPAÑA ES EL PAÍS DONDE LA HOMOSEXUALIDAD ES MÁS ACEPTADA

Haz clic en el hipervínculo para acceder al artículo o usa tu teléfono celular para escanear el código QR para acceder al artículo:

http://www.elperiodico.com/es/noticias/sociedad/estudio-senala-que-espana-pais-donde-homosexualidad-mas-aceptada-2411009

Vocabulario útil de la nota cultural

encuesta: survey

porcentaje: percentage

presidir: to chair

derechos: rights

ley: law

rechazo: rejection

mayoritario: predominant

En grupos de tres, contesten a las siguientes preguntas:

1. ¿Qué te parece lo que dice el artículo?

2. ¿Por qué piensas que en los países donde la religión tiene menos importancia la aceptación de la homosexualidad es mayor?

3. ¿Por qué piensas que en Francia, al contrario del resto de los países mencionados, ha disminuido la aceptación de los homosexuales entre 2007 y 2013 a pesar de aprobar el matrimonio entre personas del mismo sexo?

4. ¿Por qué piensas que en Sudáfrica el rechazo a la integración de las personas homosexuales es mayoritario a pesar que aprobó leyes permisivas para los homosexuales?

5. ¿Cuál es la situación en Estados Unidos según el gráfico que se muestra en este artículo? ¿Por qué crees que es así?

Y AHORA TÚ

Inventa un nuevo final para la historia con un compañero en forma de diálogo y
represéntalo en clase.

_____

_____

_____

_____

_____

_____

_____

_____

_____

_____

_____

_____

_____

Figure Credits

Fig. 22.1: Source: https://www.youtube.com/watch?v=sb7b0NQT-cI.
Fig. 22.2: Source: https://www.youtube.com/watch?v=sb7b0NQT-cI.
Fig. 22.3: Source: https://www.youtube.com/watch?v=sb7b0NQT-cI.

Gol

CORTO-METRAJE

Haz clic en el hipervínculo para acceder al video o usa tu teléfono celular para escanear el código QR para acceder al video:

Gramática: Las diferencias entre el uso de pero, sino y sino que

https://www.youtube.com/watch?v=aeqgHTiMvFs

VOCABULARIO ÚTIL

gradas: stands
entradas: tickets
hinchas: fans
tarjeta roja: red card
silvato: whistle
portero: goalkeeper, goalie

portería: goal
árbitro: referee
marcador: scoreboard
delantero: forward
centrocampista: midfielder
defensa: defender

En el cortometraje hay mucho vocabulario de uso coloquial. Intenta unir cada expresión con su definición:

1. Ser gafe
2. Tronco
3. Lanzar campanas al vuelo
4. Golazo

a. Celebrar con alegría
b. Un gran tanto
c. Tío, colega
d. Un aguafiestas

ANTES DE VER EL CORTO

Con un compañero, contesten a las siguientes preguntas:

1. El fútbol se considera en España el "Deporte Nacional" ¿Por qué piensas que es así?

2. ¿Te gusta el fútbol?

3. ¿Qué conoces del fútbol español?

4. ¿Qué otros deportes te gustan?

5. ¿Cuál es el deporte más popular en tu país? ¿Por qué piensas que es así?

DESPUÉS DE VER EL CORTO

En grupos de tres, contesta a las siguientes preguntas:

1. ¿Qué dos equipos están jugando el partido?

2. ¿Qué dicen los protagonistas que van a hacer si el Real Madrid gana el partido?

3. ¿Por qué la situación entre los dos amigos se vuelve incómoda?

4. ¿Por qué al final deciden no salir después del partido?

5. ¿Cuál es la situación más incómoda por la que has pasado? ¿Qué ocurrió?

NOTA CULTURAL

LA IMPOR-TANCIA DEL FÚTBOL

Haz clic en el hipervínculo para acceder al artículo o usa tu teléfono celular para escanear el código QR para acceder al artículo:

http://www.eldiario.es/clm/palabras-clave/importancia-futbol_6_259034108.html

Vocabulario útil de la nota cultural

viene de lejos: it is long-standing

espectáculo: show

dictadura: dictatorship

transcurso: duration

atisbar: to glimpse

atestado: crowded

absorto: absorbed

pantalla: screen

alarido: scream

detonación: explosion

partido: game

mero: simple

entusiasmo: excitement

pregonar a los cuatro vientos: to tell everyone

acontecimiento: event

válvula de escape: outlet to express your feelings

usurpar: to steal

aficionados: fans

franjas de la sociedad: sectors of society

abducido: abducted

choza: hut

embrutecimiento: brutalization

converso: convert

ingresos: income, revenue

equipos: teams

bolsa: stock market

paroxismo: fever pitch

podredumbre: deficiencies, rotting

corroer: to erode, to wear away

evasión fiscal: tax evasion

estar en paro: to be unemployed

desahuciado: evicted

derrota: defeat

desapego: detachment

bendecida: blessed

refutar: to refute, to reject

ocultarse: to hide

manta: blanket

el fantasma: the ghost

malgastada: wasted

superar: to overcome

En grupos de tres, contesten a las siguientes preguntas sobre el texto:

1. ¿Qué piensas de lo que dice el autor del texto? ¿Son los deportes una estrategia del gobierno para mantener a la gente lejos de la política y los problemas reales del país o es simplemente un entretenimiento inofensivo (harmless)?

2. ¿Hay fanatismo en relación a los deportes en EE. UU.?

3. ¿Cuál es el deporte más popular en EE. UU.? ¿Por qué crees que es así?

4. ¿Cuál es tu deporte favorito? ¿Por qué? ¿Lo practicas?

Y AHORA TÚ

Debate: REAL MADRID VS. FC BARCELONA

Por todos es conocida la rivalidad existente entre los dos equipos de fútbol más famosos de España, el Real Madrid y el FC Barcelona. A continuación vais a participar en un debate futbolístico. El profesor va a dividir a la clase en dos grupos. Uno de los grupos va a defender al Real Madrid como el mejor de los equipos españoles y el otro grupo va a defender al FC Barcelona.

Escribid debajo de la foto del equipo que habéis elegido los argumentos a favor.

Estas páginas de internet te pueden servir de apoyo a la hora de encontrar argumentos para a poyar a tu equipo:

http://www.fcbarcelona.es/

http://www.realmadrid.com/cs/Satellite/es/Prehome_ES2.htm

Vocabulario útil

el guardameta o portero: goal keeper

defensas: defenders

delanteros: forwards

árbitro: referee

centrocampistas: midfielders

Para debatir tu punto de vista con tus compañeros, usa las conjunciones *pero, sino y sino que.* Mira el cuadro explicativo que está más abajo sobre cómo usarlas si no te acuerdas. Ej. Lo que dices es interesante, *pero* no es cierto que el Barcelona tenga mejores jugadores que el Madrid.

Pero	Sino
- Contrasta dos ideas - Añade infomación - La primera frase puede ser afirmativa o negativa. Ej. Me caes bien, pero a veces te pones un poco pesado. Ej. No me gusta el helado de fresa, pero si no hay otro tipo de helado, me lo como.	- Opone dos ideas - Corrige información - La primera frase es normalmente negativa. Ej. No quiero ir al cine, sino al centro comercial.

*****Sino que** reemplaza a **sino** cuando la frase que le sigue tiene un verbo conjugado. Ej. ¿Compraron la casa? No la compraron, *sino que* la alquilaron.

REAL MADRID

BARCELONA

_____   _____

_____   _____

_____   _____

_____   _____

_____   _____

_____   _____

_____   _____

_____   _____

_____   _____

_____   _____

_____   _____

_____   _____

_____   _____

_____   _____

Figure Credits

Fig. 23.1: Source: https://www.youtube.com/watch?v=XilfsXytKj0.

Fig. 23.2: Copyright © 2011 by Jan S0L0, (CC BY-SA 2.0) at https://commons.wikimedia.org/wiki/File:El_Cl%C3%A1sico_corner.jpg.

Fig. 23.3: Adapted from http://www.paginadelespanol.com/diferencias-en-pero-y-sino/.

Fig. 23.4a: Copyright © 2007 by Darz Mol, (CC BY-SA 2.5) at https://commons.wikimedia.org/wiki/File:Raul_Gonzalez_10mar2007.jpg.

Fig. 23.4b: Copyright © 2014 by Lluís, (CC BY 2.0) at https://commons.wikimedia.org/wiki/File:Luis_Suarez_FCB_2014.jpg.

El sándwich de Mariana

VOCABULARIO ÚTIL

castigar: to punish
baboso/a: gross person
recreo: recess
¡apúrate!: hurry up!
pegamento: glue

un diario: a diary
el brillo: lipstick
órale: go
¿qué onda?: what's up?
meterse con alguien: to pick on someone

ANTES DE VER LA PELÍCULA

Mira la imagen de arriba y discute con tu compañero de qué crees que va a tratar la película.

CORTO-METRAJE

Haz clic en el hipervínculo para acceder al video o usa tu teléfono celular para escanear el código QR para acceder al video:

Gramática: Los verbos reflexivos (utilizados para expresar estados de ánimo) II

https://www.youtube.com/watch?v=f-8s7ev3dRM

DESPUÉS DE VER LA PELÍCULA

Contesta a las siguientes preguntas con un compañero:

1. ¿Qué simboliza la pintura de labios?

2. ¿De qué se da cuenta Mariana cuando sigue a la chica que se mete con ella a su casa y observa su situación familiar?

3. ¿Qué hace Mariana al día siguiente? ¿Por qué?

4. ¿Cuál es la reacción de la chica que se mete con Mariana cuando esta ve que la busca para darle el sándwitch?

5. ¿Qué hubieras hecho tú en la posición de Mariana?

6. ¿Te ha pasado algo parecido alguna vez? ¿Cuál fue tu reacción?

7. ¿Qué harías ahora si te pasara algo así?

8. ¿Y si le pasara a tu hijo o tu hermano pequeño? ¿Qué le dirías?

9. ¿Qué crees que se puede hacer para evitar que los niños se metan con otros niños?

10. ¿Qué medidas piensas que los profesores, el director del colegio y los padres deberían tomar?

11. ¿Crees que el acoso cibernético (cyberbullying) es un problema serio?

12. ¿Qué crees que es peor, el acoso físico directo o el cibernético? ¿Por qué?

13. ¿Cómo se puede escapar del acoso cibernético?

14. ¿Qué medidas piensas que deben tomar los padres para evitar que sus hijos sean víctimas del acoso cibernético?

PRÁCTICA GRAMÁTICAL

Cuéntale a tu compañero si alguna vez tú o alguien que conoces se sintió víctima de algún tipo de acoso. Usa los siguientes *verbos reflexivos empleados para expresar estados de ánimo*: sentirse, enfadarse, alegrarse, desesperarse, arrepentirse, darse cuenta, ponerse, hacerse y volverse.

Ej. Cuando tenía 12 años un niño se metió conmigo (picked on me) en el colegio. Me sentí fatal y me enfadé mucho...

Vocabulario útil de la nota cultural

acoso: harassment

hostigamiento verbal: verbal harassment

eficaz: efficient

enfoque: focus, approach

lacra: scourge, curse

disminución: decrease

poner en marcha: to implement

atajar: to stop

aumento: increase

seguro: safe

desigual: uneven

pobreza: poverty

idioma: language

informe: report

ilustrar: to portray

incrementar: to increase

recursos: resources

entorpecer: to obstruct, to hinder

embarazos: pregnancies

NOTA CULTURAL

DOS DE CADA 10 ALUMNOS EN EL MUNDO SUFREN ACOSO Y VIOLENCIA ESCOLAR

Haz clic en el hipervínculo para acceder al artículo o usa tu teléfono celular para escanear el código QR para acceder al artículo:

https://www.efe.com/efe/espana/sociedad/dos-de-cada-10-alumnos-en-el-mundo-sufren-acoso-y-violencia-escolar/10004-3150620

enfermedades: diseases
liderazgo: leadership
entorno: environment
apoyo: support

tratamiento: treatment
lanzar iniciativas: to launch initiatives
pensamientos: thoughts

En grupos de tres, contesten a las siguientes preguntas usando el vocabulario nuevo:

1. ¿Qué te parece el artículo?

2. ¿Qué piensas de que el grupo de gays, transexuales y lesbianas sea uno de los más atacados?

3. ¿Cómo se podría solucionar eso?

4. ¿Por qué crees que los otros grupos más afectados por el acoso escolar son las chicas y los de menor edad?

5. ¿Cuáles son los trastornos que ocasiona el acoso escolar según este artículo?

Figure Credits
Fig. 24.1: Source: https://vimeo.com/100534222.
Fig. 24.2: Source: https://vimeo.com/100534222.

El número

VOCABULARIO ÚTIL

En este corto, el protagonista va a experimentar una serie de sentimientos positivos y negativos. Con un compañero, pon las siguientes palabras en la categoría a la que pertenecen. Después, tu profesor te dirá el significado de las palabras que no conozcas.

aburrido	desgraciado
emocionado	feliz
ansioso	insignificante
abandonado	solo
útil	contento
impotente	ilusionado

CORTO-METRAJE

Haz clic en el hipervínculo para acceder al video o usa tu teléfono celular para escanear el código QR para acceder al video:

Gramática: El pretérito y el imperfecto II y las oraciones con Si + imperfect Subjunctive, conditional II

https://youtu.be/ DDoqGAKXehI

SENTIMIENTOS POSITIVOS	SENTIMIENTOS NEGATIVOS
_____	_____
_____	_____
_____	_____
_____	_____
_____	_____
_____	_____
_____	_____

ANTES DE VER LA PELÍCULA

Discute con un compañero:

1. ¿Qué puede significar el título del cortometraje?

2. ¿Te has sentido decepcionado alguna vez? ¿Por qué?

3. ¿Cuáles son tus ilusiones para el futuro? ¿Qué vas a hacer para conseguirlo?

4. ¿Cuál ha sido el hecho más importante de tu vida hasta ahora? ¿Por qué?

5. ¿Qué cosas te hacen feliz?

6. ¿Qué cosas te entristecen?

7. El protagonista de este corto es un personaje un tanto peculiar. Según este fragmento del comienzo del corto, ¿quién piensas que puede ser el protagonista?

"Este sitio tan bonito es donde nací yo: el hospital Cobo Calleja. ¡Ay, qué buenos recuerdos me trae este lugar! Esta, esta es la sala de partos; este es mi doctor, el hombre que ayudó a mi madre a traerme al mundo; y esta de aquí es mi mamá. Me acuerdo perfectamente del día en que nací. Allí estaba yo, recién nacido, con mis hermanos y hermanas, llenos de vida, ansiosos y dispuestos a conquistar el mundo que nos aguardaba fuera del hospital. Mientras nos separaban, nos despedíamos deseándonos buena suerte unos a otros. Nos preguntábamos cuál sería nuestro destino, dónde acabaríamos, qué oficio tendríamos. Lo único cierto es que estábamos ¡llenos, llenos, llenos de ilusión!".

DESPUÉS DE VER LA PELÍCULA

En parejas, contesten a las siguientes preguntas:

1. ¿Cuáles son los sueños del personaje principal?

2. ¿Cómo es su personalidad?

3. ¿Cómo se siente cuando vive con la señora?

4. ¿Cuál fue el hecho que cambió la vida del lápiz?

5. ¿Por qué fue importante el trabajo del lápiz en la historia?

6. ¿De quién era el número de teléfono?

7. ¿Cómo se siente al final el lápiz?

PRÁCTICA GRAMATICAL

¿Qué harías tú con el lápiz si tu fueras su dueño?

Con un compañero, completa las siguientes oraciones utilizando las oraciones con *Si + Imperfecto de subjuntivo, Condicional* para indicar probabilidad:

Ej. Un doctor/escribir recetas. Si *fuera* un doctor, *escribiría* recetas a mis pacientes.

Un cocinero/publicar un libro de recetas de cocina.

Un profesor/corregir exámenes.

Un estudiante/hacer la tarea.

Un policía/poner multas.

Un contable/hacer cuentas.

Un matemático/resolver problemas.

Un juez/aprobar leyes.

Un camarero/apuntar los pedidos.

Un científico/escribir formulas y hacer experimentos.

NOTA CULTURAL

"ODA A LA ALCACHO-FA" DE PABLO NERUDA

Lee el siguiente poema. Haz clic en el hipervínculo para acceder al texto o usa tu teléfono celular para escanear el código QR para acceder al artículo:

http://www.eldigoras.com/eom03/2004/2/30neruda1920.htm

Vocabulario útil de la nota cultural

alcachofa: artichoke

cúpula: dome

guerrero: warrior

mantenerse: to keep

escamas: scales

encresparse: to stand up

zarcillos: tendrils

espadañas: stems

conmovedores: touching, moving

bigotes: moustaches

viñas: vineyards

sarmientos: shredded vine shoots

huerto: garden

bruñida: burnished

cestos de mimbre: wicker baskets

milicia: military

hileras: rows

marcial: martial, military

feria: fair

mariscal: marshal

apretada: tight

repollo: cabbage

olla: pot

carrera: race

desvestir: to undress

Contesta a las siguientes preguntas sobre el poema de Neruda con un compañero:

1. ¿Por qué crees que Pablo escribió un poema sobre una verdura?

2. ¿Cuál crees que es el tema del poema?

3. ¿Qué representa la alcachofa?

4. ¿Qué recursos expresivos observas en el poema?

5. ¿Qué aspectos del poema te llaman la atención?

Y AHORA TÚ

Escribe la historia de un objeto desde el punto de vista de ese objeto usando *el pretérito y el imperfecto*. Asegúrate de que ocurre un hecho importante en el relato en el que el objeto encuentra una razón para su existencia. Después, léele la historia a tu compañero y él/ella te leerá la suya a ti.

_____

_____

_____

_____

_____

_____

_____

_____

_____

_____

_____

_____

_____

_____

_____

_____

_____

_____

_____

_____

Figure Credits

Fig. 25.1: Source: https://www.youtube.com/watch?v=DDoqGAKXehI.
Fig. 25.2: Source: https://www.youtube.com/watch?v=DDoqGAKXehI.
Fig. 25.3: Source: https://www.youtube.com/watch?v=DDoqGAKXehI.

La fantasía y el terror

Students will discuss several topics related to the use of fantasy and terror to create movies. They will learn about Salvador Dalí's paintings and the symbolism in his work among other aspects of Hispanic culture. Students will learn new vocabulary and review the grammatical aspects indicated below.

Figure Credits
Fig. 0.6: Copyright © 2014 Depositphotos/Rangizzz.

26

Viaje a Marte

VOCABULARIO ÚTIL

**CORTO-
METRAJE**

Haz clic en el
hipervínculo
para acceder al
video o usa tu teléfono celular
para escanear el código QR
para acceder al video:

Gramática: Las diferencias
entre por y para

https://vimeo.
com/52433800

monstruo: monster
escándalo: noise, scandal
héroe: hero
viaje: trip
capítulo: chapter
fascinante: fascinating
fuego: fire
nave espacial: space ship
cohete: rocket
Marte: Mars
¿en serio?: really?
platillo volador: flying saucer

bienvenido: welcome
recuerdo: souvenir, memory
la Luna: the moon
el planeta: the planet
camioneta: truck
astronautas: astronauts
la grua: towing vehicle
llegada: arrival, landing
oyentes: listeners
molino: mill
señal: signal

ANTES DE VER EL CORTO

1. Mira las siguientes imágenes. ¿De qué piensas que va a tratar el corto? Cuéntaselo a tu compañero.

2. ¿Qué cosas te gustaban cuando eras pequeño?

3. ¿Qué tipos de programas de televisión veías?

4. ¿Quién era tu miembro de la familia favorito cuando eras niño? ¿Por qué? ¿Y ahora?

5. ¿Cuál fue tu experiencia o aventura más especial cuando eras pequeño?

6. ¿Hasta qué edad piensas que los niños deben creer en la fantasía? ¿Por qué?

DESPUÉS DE VER EL CORTO

Contesta a las siguientes preguntas en parejas:

1. Cuéntale lo que ocurre en la historia a tu compañero usando las palabras del vocabulario.

2. ¿Tuviste alguna experiencia similar a la del protagonista cuando eras niño? ¿Qué ocurrió?

3. ¿Cómo debe ser la educación de los niños? ¿Crees que serás estricto con tus hijos?

4. ¿Qué cosas crees que los niños no deben hacer de pequeños?

5. ¿Qué sentimientos te causa la historia? ¿Por qué?

6. ¿Qué tipo de relación crees que tiene el niño con su abuelo?

7. ¿Quién es tu miembro de la familia favorito?

8. El corto nos hace creer que el niño tuvo un sueño y que en realidad no estuvo en Marte. Sin embargo, el final nos muestra algo muy diferente. ¿Qué crees que simboliza?

PRÁCTICA GRAMATICAL

Lee la siguiente lectura sobre un viaje a Madrid y explica cada uso de *por y para* que aparece en la lectura utilizando el cuadro explicativo que aparece después:

Un viaje a Madrid

Marta, Pedro y yo fuimos a España **para** pasar las vacaciones de verano. Estuvimos allí siete días. Nosotros pasamos **por** la agencia de viajes **para** comprar los billetes de avión. y Luego hablamos con Carlos **por** teléfono. Le dijimos:

"Encontramos unos billetes muy baratos - sólo pagamos €1.000 **por** un viaje de ida y vuelta. Tenemos que salir **para** el aeropuerto a las cuatro de la mañana."

"¡Oh no! ¿No se puede cambiar el billete **por** uno más tarde? ¡No me gusta levantarme tan temprano **por** la mañana!"

"No. No quedan más billetes"

"Pues vale, ¡vamos en ese vuelo entonces!"

Decidimos ir a Madrid **para** ver el parque del Retiro y el Museo del Prado. También tomamos tapas en La Latina. Madrid es muy famoso **por** su arquitectura, sus museos y sus restaurantes. Hacía mucho calor. **Por** eso antes de ir a hacer turismo fuimos a la farmacia **por** crema para el sol. Ya hablabamos español bastante bien, pero queríamos aprender más. Y claro, antes de volver compramos una tarjeta postal **para** nuestra profesora de español. Así pudimos decirle- "¡Gracias **por** enseñarnos la diferencia entre por y para!"

TABLE 26.1

POR	PARA
Causa Ej. No podemos dormir por el ruido.	**Finalidad o propósito** Ej. El vaso es para beber agua.
Tiempo o lugar aproximado Ej. Hemos quedado por el centro. Voy a volver a casa por Navidad.	**Destinatario** Ej. El regalo es para ti.
Complemento agente Ej. El edificio fue construido por el arquitecto.	**Opinión** Ej. Para mí que ella es una presumida.
Medio (= a través de/por medio de) Ej. El ladrón entró por la ventana.	**Dirección a un destino** Ej. Vamos para Miami mañana.
Intercambio o compra Ej. Te doy $20 por tu camisa.	**Fecha límite o plazo** Ej. La tarea es para el martes.
Distribución Ej. He repartido un trozo de pizza por niño.	**Sentido Concesivo (= aunque)** Ej. Para ser tan delgado, comes mucho.
Expresiones hechas: Ej. Por cierto, por favor, por Dios, por lo visto, por lo menos, por casualidad, gracias por, por si acaso, …	

NOTA CULTURAL

ENTREVISTA A JUAN PABLO ZARAMELLA, REALIZADOR DE 'VIAJE A MARTE', EL CORTO ARGENTINO MÁS PREMIADO DEL AÑO

Mira y escucha la siguiente entrevista:

https://www.youtube.com/watch?v=d2RtbBIZBA4

Y AHORA TÚ

Ahora, cuéntale a un compañero el viaje más interesante que has hecho y luego tu compañero te va a contar a ti el viaje más interesante que ha hecho él/ella.

Vocabulario útil de la nota cultural

animación cuadro a cuadro: stop motion animation

plastilina: play dough

público: audience

festivales: festivals

eventos: events

guión: script

anécdota: story, tale

exagerado: exaggerated

captura: captures

Contesten a las siguientes preguntas sobre la entrevista al director del corto en grupos de tres:

1. ¿Por qué utiliza plastilina para crear sus personajes?

2. ¿Cómo le surgió la idea de este guión?

3. ¿Cuántas personas colaboraron en este cortometraje? ¿Por qué?

Figure Credits

Fig. 26.1: Copyright © 2015 Depositphotos/Shad.off.
Fig. 26.2: Source: http://www.cinenacional.com/imagen/4828/3708.
Fig. 26.3: Source: http://www.cinenacional.com/imagen/4828/3708.
Fig. 26.4: Source: http://www.cinenacional.com/imagen/4828/3708.
Fig. 26.5: Source: http://www.cinenacional.com/imagen/4828/3708.
Fig. 26.6: Source: http://www.cinenacional.com/imagen/4828/3708.
Fig. 26.7: Source: http://g1.globo.com/distrito-federal/musica/noticia/2016/05/df-tem-tom-caval-cante-bibi-teatro-e-anima-mundi-no-fim-de-semana-veja.html.

Destino

CORTO-METRAJE

Haz clic en el hipervínculo para acceder al video o usa tu teléfono celular para escanear el código QR para acceder al video:

Gramática: Las diferencias en el uso de ser, estar y haber

https://vimeo.com/28472230

VOCABULARIO ÚTIL

campana: bell
escultura: sculpture
hormigas: ants
relojes: watches
laberinto: labyrinth
metamorfosis: metamorphosis
surrealista: surrealist

transformarse: to transform or become something else
juntos: together
edificios: buildings
puentes: bridges
elefantes: elephants

ANTES DE VER EL CORTO

Contesta con un compañero:

1. ¿De qué piensas que va a tratar este corto?

2. ¿Conoces la obra de Salvador Dalí?

3. ¿Cuál es su cuadro (painting) más famoso?

4. ¿Qué símbolos se repiten en sus cuadros?

5. ¿Por qué crees que Walt Disney y Dalí hicieron un corto juntos?

6. ¿Te gusta Dalí? ¿Por qué?

7. ¿Qué otros pintores o artistas te gustan? ¿Por qué?

DESPUÉS DE VER EL CORTO

Contesten a las siguientes preguntas en parejas:

1. Cuéntale la historia que acabas de ver a tu compañero. Ej. Érase una vez una chica que estaba enamorada de...

2. ¿Te gustó el corto? ¿Por qué?

3. ¿Qué piensas que simbolizan los animales y objetos que aparecen en el corto?

4. En tu opinión, ¿Qué simbolizan los relojes? ¿Y las hormigas? ¿Y la campana?

5. ¿Te gusta el final del corto? ¿Por qué?

6. ¿Cuál es el tema del corto?

7. ¿Cuál es el estilo?

PRÁCTICA GRAMATICAL

Con un compañero, describe las siguientes imágenes inspiradas en Dalí usando los verbos *ser*, *estar* y *haber* y trata de interpretar lo que simbolizan. Ej. A la izquierda de la catapulta hay un reloj fundido. Creo que implica el paso del tiempo.

Palábras útiles:
derretido: melted
sueño: dream
a la derecha: to the right
a la izquierda: to the left
en el centro: in the middle
al fondo: in the background
naturaleza: nature

Palabras útiles:
nubes: clouds
colores brillantes: bright colors
elefantes: elephants

En grupos de tres discutan las siguientes preguntas:

1. ¿Qué tienen en común los dos cuadros?

2. ¿Cómo son diferentes?

3. ¿Cuál prefieres? ¿Por qué?

4. ¿Podrías relacionar alguno de ellos con el corto "Destino"? ¿por qué?

....

NOTA CULTURAL

En un artículo titulado "Yo soy el surrealismo: Salvador Dalí", se explica el origen de algunos de los símbolos de los cuadros de Dalí.

Otro de sus símbolos recurrentes es el elefante, que apareció por vez primera en el *Sueño causado por el vuelo de una avispa sobre una granada un segundo antes de despertar* (1944). Los elefantes dalinianos, inspirados por el obelisco de Roma de Gian Lorenzo Bernini, suelen aparecer con «patas largas, casi invisibles de deseo», y portando obeliscos en sus lomos. Conjuntadas con esas delicadas extremidades, los obeliscos—en los que algunos han querido ver un símbolo fálico—crean un sentido de fantasmal irrealidad.

Otro de sus símbolos recurrentes es el huevo. Enlaza con los conceptos de vida prenatal intrauterina, y a veces se refiere a un símbolo de la esperanza y el amor; y así es como se interpreta en su *Metamorfosis de Narciso*. También recurrió a imágenes de fauna a lo largo de toda su obra: hormigas como símbolo de muerte, corrupción y un intenso deseo sexual; el caracol como cabeza humana (había visto un caracol sobre una bicicleta en el jardín de Sigmund Freud cuando fue a visitarle) y las langostas como un símbolo de decadencia y terror.

https://www.thedaliuniverse.com/es/salvador-dali-y-el-surrealismo

FIGURE 27.4 Simbolismo «Los relojes blandos», que habían aparecido en 1931, fueron interpretados como una referencia a la teoría de la relatividad de Albert Einstein, y fueron supuestamente creados tras la observación de unos pedazos de camembert expuestos al sol un caluroso día de agosto.

Vocabulario útil de la nota cultural

centrarse en: to focus on

inconsciente: subconscious

reprimir: to repress

salvaje: wild

cita: quote

piomero: pioneer

audaz: brave, bold

ampia: broad

obra: work

Discute con el resto de la clase..

1. ¿Qué piensas del surrealismo?

2. ¿Cuál es tu estilo pictórico favorito?

3. ¿Quiénes son tus pintores favoritos y por qué?

Y AHORA TÚ

¡Ahora tú eres el artista!

Pinta tu propio cuadro surrealista mostrando las cosas que te gustan, te preocupan o un evento en tu vida que te marcó para siempre. Después, enséñaselo a un compañero y pregúntale si lo entiende. Si no lo entiende, explícaselo. Usa símbolos e imágenes oníricas (dream like). Recuerda que estás pintando un cuadro al estilo surrealista.

Figure Credits

Fig. 27.1: Copyright © 2016 Depositphotos/agsandrew.

Fig. 27.2: Copyright © 2010 Depositphotos/paulfleet.

Fig. 27.3: Copyright © 2012 Depositphotos/ladybirdannad.

Fig. 27.4: Source: https://commons.wikimedia.org/wiki/Salvador_Dal%C3%AD#/media/File:Salvador_Dal%C3%AD_1939.jpg.

Alma

VOCABULARIO ÚTIL

Palabras necesarias para hablar sobre el corto:

tienda: store
escaparate: store window
muñeca: doll
igual: the same
desaparecer: to disappear

CORTO-
METRAJE

Haz clic en el
hipervínculo
para acceder al
video o usa tu teléfono celular
para escanear el código QR
para acceder al video:

Gramática: Los verbos como
gustar

https://www.youtube.com/
watch?v=-o7OIk16fPk

En español hay muchas expresiones con la palabra "alma". Lee las siguientes frases y únelas al significado correcto:

1. "Te lo agradezco en el alma"
2. "Lo siento en el alma"
3. "La cara es el espejo del alma"
4. "No se ve un alma en la calle"
5. "Se me cayó el alma a los pies"
6. "Estoy con alma en vilo"
7. "Corre como alma que lleva el diablo"

a. I can tell what kind of person you are just by looking at your face.

b. I am really nervous and excited waiting to hear some news.

c. To be very sorry.

d. He is running really fast.

e. To be very thankful.

f. I got really upset.

g. There is nobody in the street.

ANTES DE VER EL CORTO

1. Basandote en la foto de la página anterior, cuéntale a un compañero lo que piensas que va a suceder en el corto.

2. ¿Con qué juguetes jugabas cuando eras pequeño?

3. ¿Qué cosas te daban miedo? ¿Por qué?

4. ¿Qué significa la palabra "alma"? ¿Por qué crees que el corto se llama así?

DESPUÉS DE VER EL CORTO

Contesta con un compañero:

1. ¿Qué quiere la niña?

2. ¿Qué sucede cuando entra a la tienda?

3. ¿Qué pistas (clues) nos ofrece la escena que nos hacen entender el final?

4. ¿Te gustó el corto? ¿Por qué?

5. ¿Conoces algun corto o película que use las muñecas u otro juguete de niños como una herramienta (tool) del terror?

6. ¿Por qué crees que el autor usa a una niña como personaje principal de un corto de miedo?

7. ¿Qué elementos además de las muñecas usa el corto para generar terror o intriga?

8. ¿Qué ocurre al final? ¿Lo esperabas? ¿Qué esperabas que sucediera?

PRÁCTICA GRAMATICAL

A Alma le gusta mucho la muñeca y se arriesga a entrar a un lugar desconocido para obtenerla.

¿Qué cosas te gustan mucho, te encantan, te interesan, te molestan? Cuéntaselo a un compañero usando *verbos como gustar*. Mira la estructura que debes usar y los ejemplos antes de hacerlo.

Me gusta, me encanta, me interesa, me molesta + noun in singular or verb in infinitive. Ej. Me gusta el cine. Me gusta dormir.

Me gustan, me encantan, me interesan, me molestan + noun in plural.

Ej. Me gustan los bombones de chocolate.

_____

_____

_____

_____

_____

_____

_____

NOTA
CULTURAL

[CORTO-
METRAJE]:
"ALMA, LA
NIÑA QUE NOS ABRE
LOS OJOS"

Haz clic en el hipervínculo
para acceder al artículo o
usa tu teléfono celular para
escanear el código QR para
acceder al artículo:

https://periodismoufro2012.
wordpress.com/2013/12/19/
cortometraje-alma-la-nina-
que-nos-abre-los-ojos/

Vocabulario útil de la nota cultural

premiada: awarded
alimentado: nourished
apego: attachment
frenado: slowed down, stopped
pantanos: swamps
burla: mockery

desaire: snub
desarrollar: to develop
aguardando: awaiting
capaz: able
leal: loyal

Contesta con un compañero:

1. Según el autor de este artículo. ¿Qué elementos contribuyen al éxito de este corto de miedo?

2. ¿Estás de acuerdo?

3. ¿Qué otros elementos no mencionados te parecen importantes? ¿Por qué?

4. Si tuvieras que crear un corto de miedo, ¿Qué elementos incluirías? ¿Cómo lo harías?

Y AHORA TÚ

Escribe un nuevo final para la historia de Alma en forma de diálogo y represéntalo con uno o dos compañeros:

_____
_____
_____
_____
_____
_____
_____
_____

Figure Credits
Fig. 28.1: Source: https://www.youtube.com/watch?v=fLDEM_9JNsw.

Mamá

VOCABULARIO ÚTIL

fantasma: ghost
monstruo: monster
estar asustado/a: to be scared

esconderse: to hide
estar solo/a: to be alone

CORTO-
METRAJE

Haz clic en el
hipervínculo
para acceder al
video o usa tu teléfono celular
para escanear el código QR
para acceder al video:

Gramática: El estilo indirecto

https://www.youtube.com/
watch?v=uqIZUZfcwEc

ANTES DE VER EL CORTO

Discutan las siguientes preguntas en parejas:

1. ¿De qué piensas que va a tratar el corto?

2. ¿Cómo es tu relación con tu mamá? ¿Te llevas bien con ella? ¿Qué sientes por ella?

3. ¿Cómo deben ser las mamás? ¿Qué características deben tener?

4. ¿Crees que va a ser así la mamá del corto? ¿Por qué?

5. ¿Te llevas bien con tus hermanos o hermanas? ¿Qué te molesta de ellos? ¿Qué te gusta de ellos?

6. ¿Cuál es la situación más terrorífica por la que has pasado? Cuéntasela a tu compañero.

DESPUÉS DE VER EL CORTO

Contesten a las siguientes preguntas en grupos de tres:

1. ¿Qué piensas del corto? ¿Te ha gustado? ¿Te ha asustado? ¿Por qué?

2. ¿Qué elementos cinematográficos usa el corto para generar terror?

3. ¿Conoces otras películas o cortos de miedo en los que la mamá sea un personaje que cause miedo? Cuéntale el argumento (plot) de esa película a tu compañero.

4. ¿Crees que es una técnica efectiva para el cine de terror usar a una mamá para causar miedo? ¿Por qué?

5. El director de este corto dirigió la película *El Laberinto del fauno*. ¿La conoces? ¿Tiene algo en común con este corto? ¿Qué es diferente?

PRÁCTICA GRAMATICAL

1. Mira el cuadro gramatical de la página siguiente y transforma la siguiente conversación entre tú y tu mamá al *estilo indirecto*:

Tú- Mamá, ¿puedes darme dinero para ir al cine con mis amigas?

Tu mamá- Antes de ir al cine tienes que recoger tu cuarto y debes sacar al perro de paseo.

Tú- Pero mamá, voy a llegar tarde al cine. De hecho, mis amigas ya se fueron.

Tu mamá- No me importa. Tienes que hacer tus cosas antes de irte.

Tú- ¡No es justo! No me va a dar tiempo a hacer todo lo que tu quieres y llegar a tiempo para ver la película. Mis amigas me llamaron hace cinco minutos para decirme que ya compraron las entradas del cine.

Tu mamá- Me da igual. Tienes que ser responsable.

Tú- Estoy de acuerdo mamá. Lo hago ahora mismo.

_____

_____

_____

_____

_____

_____

_____

_____

Cambios del tiempo verbal de estilo directo a estilo indirecto

Si la oración introductoria va en *presente, futuro* o *pretérito perfecto* (*él cuenta, él contará, él ha contado*), el tiempo de la enunciativa no variará. Sin embargo, en algunos casos habrá que cambiar la forma verbal (3ª persona del singular).

Ejemplo:

Él cuenta: «*Pienso* en ella desde ayer».

→Él cuenta que *piensa* en ella desde ayer. → el tiempo verbal no varía (presente indicativo), pero la 1ª persona pasa a ser la 3ª.

Si la oración introductoria va en *in-*

definido, imperfecto o *pluscuamperfecto* (*él contó, él contaba, él había contado*), el tiempo de la oración de discurso indirecto deberá retroceder en el tiempo. (ver cuadro).

Ejemplo:

Él contó: «Ella *fue* muy amable conmigo».

→ Él contó que ella *había sido* muy amable con él. *(pretérito indefinido → pretérito pluscuamperfecto)*

Él afirmó: «Un día, yo *seré* actor de la tele».

→ Él afirmó que un día *sería* actor de la tele. *(futuro simple → condicional simple)*

Ella dijo: «*Tráeme* la cuenta, por favor».

→ Ella dijo que le *trajera* la cuenta. *(pretérito indefinido → pretérito imperfecto de subjuntivo)*

TABLE 29.1

estilo directo	estilo indirecto
presente	pretérito imperfecto
pretérito indefinido	pretérito pluscuamperfecto
pretérito perfecto	
pretérito imperfecto	pretérito imperfecto/pluscuamperfecto
futuro simple	condicional simple
condicional simple	
futuro compuesto	condicional compuesto
condicional compuesto	
imperativo	pretérito imperfecto de subjuntivo
presente de subjuntivo	
pretérito imperfecto de subjuntivo	
pretérito perfecto de subjuntivo	pretérito pluscuamperfecto de subjuntivo

Source: https://espanol.lingolia.com/es/gramatica/estructura-de-la-oracion/estilo-indirecto

Cambios más usuales en lugar y tiempo

TABLE 29.2

discurso directo	discurso indirecto
hoy	aquel día
ahora	entonces
ayer	el día anterior
la semana pasada	la semana anterior
el próximo año	el año siguiente
mañana	el día siguiente
aquí	allí
este/a ...	aquel/aquella ...

Source: https://espanol.lingolia.com/es/gramatica/estructura-de-la-oracion/estilo-indirecto

Vocabulario útil de la nota cultural

imagen: image

ser original, ser tú mismo: be your-self

impacto: impact

historia narrativa: narrative tradition

contar historias: to tell stories

NOTA CULTURAL

Mira y escucha la siguiente entrevista con Guillermo del Toro:

https://www.youtube.com/watch?v=o_Bmu9E8CH0

Contesta con tu compañero las siguientes preguntas:

1. ¿Por qué tienen éxito las películas de miedo en opinión de Guillermo del Toro?

2. Según él, ¿qué se debe hacer para tener éxito como director de cine?

3. ¿Qué le llama la atención a Guillermo de hacer películas? En otras palabras, ¿por qué las hace?

4. ¿Qué consejo les da Guillermo a los directores jóvenes para que tengan éxito?

Y AHORA TÚ

Guillermo del Toro ha reconocido en varias ocasiones que le gusta la unión del cuento de horror con el de hadas (fairy tales). ¿Por qué crees que es así?

En grupos de tres o cuatro estudiantes escriban un cuento de hadas en diálogo, pero adáptenlo y conviértanlo en uno de terror siguiendo los consejos que da Benicio del Toro a los jóvenes cinematógrafos. Después represéntenlo delante de la clase.

_____
_____
_____
_____
_____
_____
_____
_____

Figure Credits
Fig. 29.1: Source: https://www.youtube.com/watch?v=AkWHNkvIsJA.
Table 29.1: Source: https://espanol.lingolia.com/es/gramatica/estructura-de-la-oracion/estilo-indirecto.
Table 29.2: Source: https://espanol.lingolia.com/es/gramatica/estructura-de-la-oracion/estilo-indirecto.
Fig. 29.2: Source: https://www.youtube.com/watch?v=AkWHNkvIsJA.

Alexia

VOCABULARIO ÚTIL

extrañar a alguien: to miss someone

amor: love

raro: strange

¿pasa algo?: is there anything wrong?

engañar a alguien: to cheat on someone or to lie to someone

abandonar a alguien: to dump someone

estar mal (de la cabeza): to be troubled

merecer: to deserve

eliminar: to eliminate

CORTO-METRAJE

Haz clic en el hipervínculo para acceder al video o usa tu teléfono celular para escanear el código QR para acceder al video:

Gramática: El objeto directo e indirecto.

https://www.youtube.com/watch?v=sV8UnfFmD-Y

ANTES DE VER LA PELÍCULA

Contesta a las siguientes preguntas con tus compañeros:

1. ¿Utilizas Facebook, Instagram u otra red social?

2. ¿Qué cosas te gustan de Facebook y qué cosas no te gustan?

3. ¿Has tenido alguna vez que eliminar a alguno de tus contactos en Facebook? ¿Por qué?

4. ¿Te has obsesionado alguna vez un poco con algo o alguien? ¿Con qué o quién? ¿qué ocurrió?

5. ¿Te parece peligroso Facebook o cualquier otra red social? ¿Por qué?

6. ¿Te cuesta mucho recuperarte de una ruptura sentimental?

7. ¿Conoces a alguien que se haya obsesionado con otra persona tanto como para hacerle daño a él o a ella?

8. ¿Cómo se podría evitar la situación anterior?

DESPUÉS DE VER LA PELÍCULA

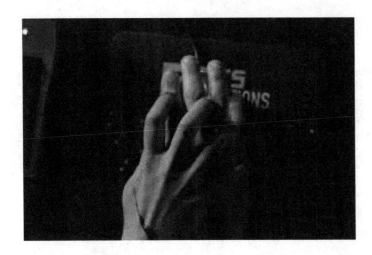

Discute con tu compañero

1. ¿Qué te parece el corto?

2. ¿Qué fue lo que más te asustó? ¿Por qué?

3. ¿Te esperabas ese final?

Vocabulario útil de la nota cultural

falta: lack
celos: jealousy
sospecha: suspicion
noviazgo: courtship
usuarios: users
desconfiado: distrustful
reforzar: to strengthen

vigilancia: surveillance
establecimiento: establishment
desarrollo: development
índole: nature
divulgar: to publicize
rupturas: break ups

NOTA CULTURAL
EL IMPACTO DE FACE-BOOK EN NUESTRAS RELACIONES SOCIALES
Haz clic en el hipervínculo para acceder al artículo o usa tu teléfono celular para escanear el código QR para acceder al artículo:
https://mediosfera.wordpress.com/2010/02/26/el-impacto-de-facebook-en-nuestras-relaciones-sociales/

Contesta a las siguientes preguntas con un compañero:

1. ¿Estás de acuerdo con lo que dice el texto sobre la influencia de Facebook en las relaciones de pareja? ¿Con qué estás de acuerdo y con qué no?

2. ¿Crees que Facebook produce celos en la pareja? ¿Qué otras cosas producen celos en la pareja?

3. ¿Qué cosas no se deben poner nunca en Facebook? ¿Por qué?

4. ¿Has terminado alguna vez tu relación con alguien o alguien la ha terminado contigo a través de un medio tecnológico en vez de en persona? ¿Qué te parece esa via de comunicación para mostrar los sentimientos?

5. ¿Eres amigo de tus ex-novios/a en Facebook? ¿Por qué?

Figure Credits
Fig. 30.1: Source: https://www.youtube.com/watch?v=sV8UnfFmD-Y.
Fig. 30.2: Source: https://www.youtube.com/watch?v=sV8UnfFmD-Y.

La inmigración

I n this section, students will learn the vocabulary and grammar necessary to discuss immigration. The purpose of this chapter is to help students reflect on the causes and effects of immigration in order to increase awareness and tolerance.

Figure Credits
Fig. 0.7: Copyright © 2010 by Ggia, (CC BY-SA 3.0) at https://commons.wikimedia.org/wiki/File:20101009_Arrested_refugees_immigrants_in_Fylakio_detention_center_Thrace_Evros_Greece_restored.jpg.

Hiyab

*Desde 2015 España ha prohibido el uso del hiyab, niyab y burka en colegios, transportes y edificios públicos. La multa asciende a 405 euros para las personas que no sigan la ley. Francia ya había impuesto esta ley para los lugares públicos en 2011. Puedes leer un artículo sobre las razones para esta ley en la siguiente página web. Haz clic en el hipervínculo para acceder al artículo o usa tu teléfono celular para escanear el código QR para acceder al artículo:

https://elpais.com/internacional/2015/05/22/actualidad/1432317101_468759.html

CORTO-METRAJE

Haz clic en el hipervínculo para acceder al video o usa tu teléfono celular para escanear el código QR para acceder al video:

Gramática: Las expresiones y estrategias para convencer a alguien de algo.

https://www.youtube.com/watch?v=kE5h_FaYAjg

VOCABULARIO ÚTIL

católico/a: catholic
musulmán/musulmana: muslim
la libertad de culto: freedom of religion

las reglas son las reglas: rules are rules
chavales: kids
raro/ra: weird

ANTES DE VER EL CORTO

Contesta a las siguientes preguntas con tus compañeros:

1. Observa la foto de la página anterior. ¿Qué sensación te transmite? Argumenta tu respuesta.

2. ¿Qué es un hiyab? ¿Quiénes lo llevan? ¿Por qué lo utilizan?

3. ¿Cuál es el tema del corto?

4. El hiyab está considerado como un símbolo de la cultura musulmana. ¿Qué sabes de esa cultura?

DESPUÉS DE VER EL CORTO

En grupos de tres, respondan a las siguientes preguntas:

1. ¿En qué país crees que se desarrolla el cortometraje?

2. La protagonista se llama Fátima. ¿Sabes qué significa ese nombre en árabe?

3. ¿Por qué no entra Fátima en clase? ¿Qué problema tiene?

4. ¿Qué dice Fátima para defender su posición?

5. ¿Qué sucede cuando finalmente Fátima entra en clase?

6. ¿Qué muestran las siguientes expresiones de Fátima?

7. ¿Cómo te hacen sentir a ti?

8. ¿Cómo se siente Fatima cuando entra en la clase sin el hiyab?

NOTA CULTURAL

HABLA EL DIRECTOR

Lee la siguiente entrevista al director del cortometraje. Piensa en los temas discutidos en esta entrevista y debátelos en clase. Haz clic en el hipervínculo para acceder al artículo o usa tu teléfono celular para escanear el código QR para acceder al artículo:

https://elpais.com/diario/2006/01/29/cvalenciana/1138565888_850215.html

Vocabulario útil de la nota cultural

velo: vail

intolerancia: intolerance

determinadas: certain

reprender: to reprimand

Con un compañero, contesta a las siguientes preguntas:

a. En tu opinión, ¿consigue el cortometraje reflejar la intolerancia de la que habla su director? ¿En qué sentido?

b. ¿Te parece bien la manera en que se soluciona el conflicto cultural planteado en Hiyab? ¿Por qué?

c. ¿De qué otra forma se podría solucionar este conflicto?

d. ¿Conoces algún caso real similar?

PRÁCTICA GRAMATICAL

Aquí tienes varias de las expresiones y estrategias que la profesora usa para convencer a Fátima. Escribe un diálogo con un compañero utilizando estas *expresiones para convencerlo/a de algo*. Después, represéntalo delante de la clase.

Me parece bien: I agree

Venga, hombre/mujer: come on

Entiendo que te cueste un poquito:
I know it is hard

No seas así: don't be like that

Confía en mí: trust me

_____

_____

_____

_____

_____

_____

_____

_____

Y AHORA TÚ

Debate: El profesor va a dividir la clase en dos grupos. Uno va a estar a favor de tener que quitarse el hiyab para integrarse con el resto de los estudiantes del colegio, como ocurre en el corto, y otros van a estar en contra de hacerlo.

Figure Credits
Fig. 31.1: Copyright © 2012 Depositphotos/zurijeta.
Fig. 31.2a: Source: https://www.youtube.com/watch?time_continue=111&v=rPj7kSJhe88.
Fig. 31.2b: Source: https://www.youtube.com/watch?time_continue=111&v=rPj7kSJhe88.
Fig. 31.3: Source: http://www.tiburonfilmfestival.com/filmInfo.php?film_id=2966.

32

El viaje de Said

**CORTO-
METRAJE**

Haz clic en el
hipervínculo
para acceder al
video o usa tu teléfono celular
para escanear el código QR
para acceder al video:

Gramática: El pretérito y el
imperfecto III

https://vimeo.
com/16037500

VOCABULARIO ÚTIL

patera: small boat
inmigrante: inmigrant
peligroso: dangerous
explotación: exploitation

nostalgia: homesickness
soledad: loneliness
tener miedo: to be afraid
columpio: swing

ANTES DE VER EL CORTO

Discute las siguientes preguntas con un compañero:

1. ¿De qué crees que va a tratar la película según el título y las siguientes imágenes? Aquí tienes las siguientes estructuras gramaticales que te pueden
   ayudar a expresar lo que piensas:

   Creo que / Pienso que + indicativo   Futuro simple

   A lo mejor + indicativo   Quizá + subjuntivo

DESPUÉS DE VER EL CORTO

En grupos de tres, respondan a las siguientes preguntas:

1. ¿Qué es ser un inmigrante?

2. ¿Por qué sueña con emigrar Said?

3. ¿Cómo cruza Said el Estrecho de Gibraltar?

4. ¿Conoces otras formas de cruzarlo?

5. Cuando llega a España, ¿qué es lo primero que ve?

6. Said piensa que cuando llegue a España todo será una fiesta, "un mundo de color..." "es tu oportunidad...", dice la canción, ¿crees que la realidad es así para los inmigrantes?

7. Poco a poco se da cuenta de que no todo es como él había soñado, "Mira chaval, yo sin papeles no te puedo contratar, me la juego ¿entiendes?, bueno se podría apañar, cobras un poquito menos y si viene algún inspector te escondes". ¿Qué os parece esto que le dice el empresario?

8. El siguiente paso de Said es la "PATERA ADVENTURE", ¿qué hay dentro de ese túnel del terror?

9. Cuando despierta del sueño mientras pesca, ¿qué es lo primero que mira?

10. ¿Qué sentimientos te produce que haya personas de tu edad que arriesgan (risk) la vida por vivir como tú?

11. Como has visto en este corto, muchas personas mueren cada año cruzando el Estrecho de Gibraltar. ¿Cómo podríamos solucionar ese problema?

12. ¿Te ha gustado el cortometraje? ¿Y la técnica utilizada para hacerlo?

13. ¿Qué sabes de la inmigración de los latinoamericanos a EE. UU.? Compárala con la inmigración a España.

PRÁCTICA GRAMATICAL

Escribe y luego léele a un compañero la historia de Said usando la frase típica de los cuentos de hadas. Asegúrate de usar bien el *pretérito* y el *imperfecto*. Ej. Érase una vez un niño que *se llamaba* Said. Él *vivía* en...

_____

_____

_____

_____

_____

_____

_____

_____

_____

_____

_____

NOTA CULTURAL

DATOS ESCALO-FRIANTES

Lee la opinión del director del corto en la sección de "Antes de ver la película" titulada "Opinión del director" y responde a las preguntas que aparecen después con un compañero. Haz clic en el hipervínculo para acceder al artículo o usa tu teléfono celular para escanear el código QR para acceder al artículo:

https://espanolparainmigrantes.files.wordpress.com/2009/05/el_viaje_de_said.pdf

Vocabulario útil de la nota cultural

cruzar: to cross

estrecho: strait (of Gibraltar)

recuento: headcount

estremecedora: shocking, chilling

cifra: figure, number

ahogado: drowned person

alcanzar: to reach

orilla: shore

profundo: deep

tender: to hang, to extend

puente: bridge

distorsionado: distorted

esperanzador: hopeful

triunfar: to succeed

jugarse la vida: to risk their lives

trato: treatment

ciudadano: citizen

exigir: to demand

un pedazo del pastel: a piece of the cake

Con un compañero, contesta a las siguientes preguntas:

1. ¿Qué te parece lo que dice el director del corto?

2. ¿Qué opinión tienes de la inmigración?

3. ¿Serías capaz de montarte en una patera, de noche, con frío y navegar durante 14 km (aproximadamente 8 millas) en busca de una vida mejor?

4. ¿Conoces a alguien que haya inmigrado legal o ilegalmente a otro país? ¿Cómo le fue?

5. ¿Qué se debería hacer para solucionar el tema de la inmigración?

Y AHORA TÚ

Debate: ¿Qué harías tú?

El profesor va a dividir la clase en dos grupos, uno que va a elegir hacer un viaje peligroso a otro país para intentar conseguir una mejor vida, y el otro grupo va a decidir quedarse para no arriesgar su vida. Escribe las ventajas y las desventajas de las dos optiones primero para ayudarte en el debate.

Figure Credits

Fig. 32.1: Source: http://aulacorto.mecd.gob.es/view/18.
Fig. 32.2a: Source: https://arsgratiamundi.wordpress.com/2012/05/18/el-viaje-de-said/.
Fig. 32.2b: Source: http://aulacorto.mecd.gob.es/view/18.
Fig. 32.2c: Source: http://www.cinenuevatribuna.es/articulo/magazine/viaje-said-corto-imprescindible-inmigracion/20160327205220001763.html.
Fig. 32.2d: Source: https://www.youtube.com/watch?v=bD84INseL0I.
Fig. 32.2e: Source: https://www.domestika.org/en/projects/304755-el-viaje-de-said-cortometraje-ganador-del-goya.
Fig. 32.2f: Source: http://www.imdb.com/title/tt1047701/mediaviewer/rm3350674432.
Fig. 32.2g: Source: https://www.domestika.org/en/projects/304755-el-viaje-de-said-cortometraje-ganador-del-goya.

Namhala

CORTO-METRAJE

Haz clic en el hipervínculo para acceder al video o usa tu teléfono celular para escanear el código QR para acceder al video:

Gramática: Las expresiones con verbos de emoción y de duda que usan el subjuntivo III.

https://www.youtube.com/watch?v=_xrh3R_pe1M

ANTES DE VER EL CORTO

Trabajando en parejas, contesten a las siguientes preguntas:

1. Mira las siguientes imágenes e intenta adivinar qué va a suceder en el corto:

2. ¿Qué diferencia hay entre ser extranjero e inmigrante?

3. ¿Cuándo se considera a una persona «ilegal»?

4. ¿Cómo puede cambiar la vida de una persona cuando obtiene los «papeles»?

5. Vas a imaginar que tienes que irte de tu país. Escribe tres palabras con los sentimientos o ideas que te vienen a la cabeza.

6. Piensa en dificultades que puede tener una persona que abandona su país y su cultura. ¿Cuál es la más importante en tu opinión?

    a. Dejar a la familia y seres queridos.

    b. Dejar el trabajo, carrera, etc.

    c. Dejar la casa.

    d. Dejar a los amigos.

    e. Perder contacto con tu cultura / tu lengua.

    f. Otras.

7. Lee el siguiente vocabulario relacionado con la inmigración. Si no sabes el significado de alguna palabra, tus compañeros o tu profesor te pueden ayudar. Elige tres palabras que te gusten y explica tus razones:

Esperanza, miedo, añoranza, sueños, morriña, adiós, aventura, dolor, ilusiones, zancadillas, paciencia, nostalgia, saludable, descubrimiento, lucha, exilio, patria, desarraigo, horizonte, soledad, memoria, distancia, pérdidas, olas, sabiduría, lágrimas, tiempo, miedo, amistad, regreso.

VOCABULARIO ÚTIL

ilegal: illegal
legal: legal
indocumentado: undocumented
sin papeles: without papers
extranjero: foreigner
inmigrante: immigrant

¡vamos, hombre!: Come on, man!
barata: cheap
hágame un presupuesto: give me an estimate
arreglar: to fix
no merece la pena: it is not worth it

DESPUÉS DE VER EL CORTO

Ahora trabaja con un compañero diferente y contesta a las siguientes preguntas:

1. ¿Cómo se siente el dueño (owner) de la tienda de reparaciones cuando entra la mujer?

2. ¿Cómo se siente el dueño de la tienda cuando entra el hombre?

3. ¿Qué técnicas se usan en el corto para indicar los sentimientos del dueño de la tienda en relación a los demás personajes que aparecen?

4. ¿De qué se da cuenta el dueño de la tienda cuando le arregla la cámara de video al jóven?

5. ¿Qué piensa el señor mayor que va a hacer el joven cuando tranca la puerta de la tienda?

6. ¿Qué quiere ver el joven en la cinta que está en la cámara?

7. ¿A qué se refiere el joven cuando dice "Vinimos juntos pero ella no llegó"?

8. ¿Cómo reacciona el hombre mayor a las palabras del joven?

9. ¿Por qué el dueño de la tienda quita el cartel de "Se traspasa" del escaparate de la tienda?

Vocabulario útil de la nota cultural

lanzar: to throw
manifestaciones: protests
sostener: to sustain
promover: to promote
odio: hate
a medias tintas: halfway
sancionar: to punish
comunicado: statement
emitido: issued
seguidor: follower

asesinar: to murder
herir: to hurt
manifestantes: protestors
preocupante: worrisome
relator: rapporteur
medidas: measures
pesar: grief, sorrow
estrellarse: to go down, to crash
vigilar: to monitor

NOTA CULTURAL

LA ONU LANZA ALERTA POR AUMENTO DE RACISMO EN EEUU

Haz clic en el hipervínculo para acceder al artículo o usa tu teléfono celular para escanear el código QR para acceder al artículo:

https://eldiariony.com/2017/08/16/la-onu-lanza-alerta-por-aumento-de-racismo-en-eeuu/

Contesten en grupos de tres:

1. ¿Qué piensas de este artículo? ¿Estás de acuerdo o en desacuerdo con lo que dice el autor? ¿Por qué?

2. ¿Cuál crees que es la causa de este brote repentino de racismo y xenofobia?

3. ¿Qué debe hacer el gobierno para evitar estos incidentes?

4. ¿Qué otras soluciones podría tener esta situación?

Y AHORA TÚ/PRÁCTICA GRAMATICAL

Escribe tu propia crítica sobre la película, entre 250 y 300 palabras, con tus opiniones, teniendo en cuenta los siguientes aspectos. Después compártela con el resto de la clase.

1. ¿Te gustó el corto? ¿Por qué?

2. ¿Qué es lo que más te atrajo? ¿Por qué?

3. ¿Ha logrado emocionarte o conmoverte?

4. ¿Podrías explicar la relación entre las imágenes, los diálogos y la música?

5. ¿Podrías explicar el título?

Expresiones de emoción y duda

En mi opinión

Me gusta / No me gusta

A mí me parece que

Me encanta

Creo que

Dudo que

Me ha llamado la atención

Para mí

Me ha sorprendido

Mi crítica

_____

_____

_____

_____

_____

_____

_____

_____

_____

_____

_____

_____

_____

_____

_____

Figure Credits

Fig. 33.1: Copyright © 2009 Depositphotos/-vvetc-.

Fig. 33.2: Source: http://nachosolana.com/namnala.html.

Fig. 33.3: Source: http://columnazero.com/critica-cortometraje-namnala/.

Fig. 33.4: Source: http://nachosolana.com/namnala.html.

Fig. 33.5: Source: http://nachosolana.com/namnala.html.

Fig. 33.6: Source: http://nachosolana.com/namnala.html.

Fig. 33.7: Source: http://nachosolana.com/namnala.html.

Amanecer

CORTO-METRAJE

Haz clic en el hipe para acceder al video o usa tu teléfono celular para escanear el código QR para acceder al video:

Gramática: Las diferencias entre saber y conocer

https://cinecorto.org/
pelicula-detalle.php?id=1310

VOCABULARIO ÚTIL

sueño: dream
plata: money (in Latin America)
rutina: routine
intentar: to try to do something
felicidad: happiness

error: mistake
mentir: to lie
decir la verdad: to tell the truth
perder: to lose

ANTES DE VER LA PELÍCULA

Contesta con un compañero

1. ¿De qué crees que trata el corto según el título y la foto de la página anterior (Figure)"?

2. ¿Cuáles son tus sueños de futuro?
   Cuando sea mayor quiero...

3. ¿Te has sentido alguna vez en una situación límite? ¿Qué ocurrió?

DESPUÉS DE VER LA PELÍCULA

Discutan en grupos de tres:

1. ¿Cuál es el problema del protagonista?

2. ¿Cómo crees que se podría evitar la situación por la que pasa el protagonista?

3. ¿Conoces a alguien que haya pasado por algo así?

4. ¿Dónde crees que vive el protagonista? ¿En qué país?

5. ¿De dónde crees que es originalmente? ¿Cómo lo sabes?

PRÁCTICA GRAMATICAL

En el corto, la mujer le dice al protagonista que ya sabía la situación en la que se encontraba él. Cuéntale a tu compañero, ¿hay alguien que te conozca a ti mejor que tú mismo? ¿Quién es esa persona? ¿Por qué te conoce tan bien? ¿Y tú? ¿A quién conoces mejor que a nadie? ¿Por qué?

Decide para cuáles de las siguientes situaciones usarías saber o conocer. Puedes mirar la explicación que viene después si no te acuerdas.

¿Sabes o Conoces?

un restaurante vegetariano
hablar Francés
a María
Italia
el número de teléfono de Juan
la capital de Costa Rica

dónde es el concierto de Lady Gaga
tocar el violín
al profesor de Francés
la hora
la información que va a entrar en el examen

Las diferencias entre saber y conocer

Conocer se usa en los siguientes casos:

1. Para decir que hemos estado en un lugar.
Conozco Madrid.

2. Con el significado de "encontrar a alguien por primera vez". En inglés se utiliza el verbo "to meet someone".
Conocí a María en una fiesta.

Saber se usa en los siguientes casos:

1. Para indicar conocimiento de un hecho.
Ella sabe quién va a ir al cumpleaños.

2. A veces va seguido de: por que, qué, quién, dónde, cuándo, cuál, por qué.
No sé qué hacer hoy.

3. Para expresar la capacidad de poder hacer algo se usa: Saber + Infinitivo

¿Sabes hablar francés?
En resumen: Saber es tener la habilidad o el conocimiento sobre un tema específico y conocer es haber tenido al menos un contacto con una persona o lugar determinado.

Vocabulario útil de la nota cultural

de ninguna manera: no way

no conseguirán: they will not achieve

convertirse en: to become

contundente: serious

derechos humanos: human rights

campaña: campaign

unírseles: to get together

mar embravecido: rough sea

embarcación, barco: boat

seguridad fronteriza: borderland security

detener: to stop

evitar: to avoid

arriesgarse: to risk

el país: country

enviados: sent

suelo: floor, land

normas: rules

asimismo: furthermore

mentiras: lies

peligro: danger

perderlo todo: to lose everything

medidas de seguridad: security measures

impedir: to avoid

interceptar: to intercept

pasajeros: passengers

devolver: to send back

trasladar: to move

investigar: to research

vulnerar: to violate

huir de: to run away from

NOTA CULTURAL

EL GOBIERNO AUSTRALIANO LANZA UNA DURA CAMPAÑA DE PUBLICIDAD CONTRA LA INMIGRACIÓN ILEGAL

Lee la siguiente noticia sobre la campaña de publicidad que lanzó el gobierno de Australia en el 2014 y contesta a las preguntas que surgen después con un compañero. Mira el vocabulario útil del final si no entiendes alguna palabra. Haz clic en el hipervínculo para acceder al artículo o usa tu teléfono celular para escanear el código QR para acceder al artículo:

http://www.20minutos.es/noticia/2273974/0/australia/campana/publicidad/

En grupos de tres, contesten a las siguientes preguntas:

1. ¿Qué piensas de esta campaña Australiana? ¿Atenta contra los derechos humanos? ¿Por qué?

2. ¿Cuál es en tu opinión la forma de resolver la inmigración ilegal?

3. ¿Estás de acuerdo con la política de Donald Trump en cuanto a la inmigración? ¿Por qué?

Y AHORA TÚ

El profesor va a dividir la clase en dos grupos. Uno va a apoyar las medidas del gobierno australiano en su campaña del 2014 y el otro va a estar en contra.

Figure Credits

Fig. 34.1: Source: https://www.youtube.com/results?search_query=Cortometraje+EL+amanecer-+trailer.

35

Proverbio chino

**CORTO-
METRAJE**

Haz clic en el
hipervínculo
para acceder al
video o usa tu teléfono celular
para escanear el código QR
para acceder al video:

Gramática: Las expresiones
impersonales de emoción y de
duda que usan el subjuntivo IV

https://vimeo.com/4077587

VOCABULARIO ÚTIL

camarero: waiter
legal: legal
galletas de la fortuna: fortune cook-
ies
¡Qué lo disfruten!: Enjoy!
pronuncia: pronounce

rollito de primavera: spring roll
cerveza: beer
raro: weird
disfrazarse de: to dress up as
quedarse con alguien: to trick someone

ANTES DE VER LA PELÍCULA

Discute con un compañero:

1. ¿Por qué crees que se llama así la película?

2. ¿Cónoces algún proverbio en español?

3. ¿Qué piensas que significan los siguientes proverbios? Intenta unir cada proverbio con su significado. Después cuéntale a tu amigo una situación por la que pasaste en la que puedas usar cada uno de los proverbios de abajo.

"A quien madruga, Dios le ayuda"
"Más sabe el diablo por viejo que por diablo"
"Maté dos pajaros de un tiro"
"Más vale pájaro en mano, que ciento volando"

"A quien buen árbol se arriba, buena sombra le cobija"
"Dime con quién andas y te diré quién eres"
"El hábito no hace al monje"
"Eso es un cuento chino"

a. *It helps to have friends in high places.*

b. *To kill two birds on one stone.*

c. *You can judge a man by the company he keeps.*

d. *To tell a lie to someone.*

e. *The early bird catches the worms.*

f. *The devil knows more from being old than from being the devil.*

g. *A bird in the hand is worth two in the bush.*

h. *The suit does not make the man.*

4. ¿Has estado alguna vez en un restaurante chino o de otra cultura que no sea la tuya? ¿Qué recuerdos tienes de él?, ¿Cómo estaba ambientado?, ¿Qué platos te llamaron la atención?

DESPÚES DE VER LA PELÍCULA

Trabaja con un compañero y contesta:

1. ¿Cómo es la personalidad del protagonista?

2. ¿En qué aspectos del corto se ve el esfuerzo que hace el protagonista por encontrar y mantener su trabajo?

3. ¿Qué dificultades tiene que superar el protagonista?

4. Lee los siguientes diálogos del corto y contesta a las preguntas que aparecen después sobre ellos con un compañero:

   a. *Sergio entabla el siguiente diálogo con el camarero que está escribiendo un anuncio:*
   Sergio: *Compadre, ¿qué dice ahí?*
   Camarero: *No pala ti, tú no chino.*
   Sergio: *Sí, ya sé que no soy chino, pero, ¿qué dice ahí?*
   Camarero: *Lestaulante buscal camalelo.*
   Sergio: *¿Camalelo?*
   Camarero: *Pelo no pala ti, tú no chino.*
   ¿Por qué crees que Sergio se interesa por conocer el significado de los pictogramas que está escribiendo el camarero chino?

   b. *Cuando se dirige al dueño del restaurante para solicitar el trabajo éste le dice:*
   Dueño: *Tú no chino, no puedes ser camalelo aquí.*
   Sergio: *¿Por qué si yo he trabajado en otros restaurantes ya?*
   Dueño: *¡Tú no chino, tú negro!*
   Sergio: *¿Pero qué coño es esto? ¿La mafia china o qué?*
   ¿Cómo es la actitud del dueño ante Sergio? ¿Qué otras respuestas le podría dar?

   c. *Tras el primer día de trabajo, el Jefe lo quiere despedir:*
   Jefe: *Tú no "prenciá" bien.*
   Sergio: *¿Qué más les da a los españoles cómo pronuncio "wan-fu" si ellos no tienen ni idea?*
   Jefe: *Más adelante, el jefe le insiste en pronunciar bien: "lollito plimavela, lollito plimavela".*
   El lenguaje sirve para comunicarse con la mayor sencillez posible. ¿Ocurre esto en la comunicación entre Sergio y los clientes? ¿Y con el jefe?, ¿Cuándo le entienden mejor, cuando habla en español o imitando el chino?

   d. *Con Yoli se sincera y le cuenta que acaba de perder su trabajo:*
   Yoli: *¿Y tú de qué currabas?*
   Sergio: *Yo, de camarero en un restaurante chino.*
   Yoli: *¡Anda ya!*
   Sergio: *El caso es que no sé por qué me han despedido, porque hasta ahora hacía bien mi trabajo: si el negro se tenía que disfrazar de chino, el negro se disfrazaba de chino.*
   Yoli: *A ver, ¿eres chino o no? Pues no. ¿Cómo puede ser un negro camarero de un restaurante chino?*
   Sergio: *Eso depende, mi hermana.*

Yoli: *¿Depende de qué?*

Sergio: *Del negro, ¿de qué va a ser?*

Observa el lenguaje coloquial que emplean los dos jóvenes. Es diferente del que usa Sergio con el dueño del restaurante o con el cliente mayor. ¿Cómo influye el hablar en una situación formal o informal a la hora de emplear un registro u otro?

5. ¿Qué piensas que habría pasado si Sergio no hubiera confiado en sí mismo y no hubiese entrado en el restaurante? Cuéntale a tu compañero un final diferente para la película.

6. ¿Qué tiene de positivo la interculturalidad? ¿Qué nos aporta? ¿De qué nos podemos beneficiar?

7. A lo largo del corto se repite la siguiente canción. Léela y contesta a las preguntas que aparecen después con un compañero:

"Te estás equivocando, mamá, tú te estás equivocando,

Te estás equivocando, pa'aprender equivocando

¡Hey Mamasita cómo está!, esa cosita de miel mi mamá

Lo que tú quieras va a suceder,

acaso no es lo mismo amor que placer

Te estás equivocando, mama, tú, te estás equivocando

Te estás equivocando, aprender equivocando....

Te estás equivocando, mama, tú, te estás equivocando

Te estás equivocando, aprender equivocando....

Te estás equivocando, te estás equivocando

Vamos a comer, vamos a comer

Te estás equivocando, te estás equivocando, mamá tú

Te estás equivocando, aprender equivocando"

1. ¿Qué quiere decir el autor con esta canción?

2. ¿Cómo valora la diferencia?

3. ¿Conóces alguna otra canción que valore la diversidad?

NOTA CULTURAL

Mira y escucha la siguiente entrevista con el director del cortometraje:

https://www.youtube.com/watch?v=0FssMgJngL0

Vocabulario útil de la nota cultural

herramientas: tools

cómodo: comfortable

surgir: to appear

protagonista: main character

vagones del metro: subway cars

sentido del humor: sense of humor

trilogía: trilogy

temática: topics

musulmanes: muslims

barrios: neighborhoods

temas de actualidad: current topics

mestizaje: mixing of races

rituales: rituals

mensaje: message

cargar las tintas: to exaggerate an issue

plasmar: to reflect, depict

abordar: to address

hacer oficio: to practice, to have experience

Contesta con tu compañero a las siguientes preguntas sobre la entrevista que acabas de ver en la nota cultural:

1. ¿De qué forma le ha ayudado al director el haber hecho anuncios publicitarios antes de hacer cortos?

2. ¿Qué es un "trozo de vida"?

3. ¿Cómo le surgió al director la idea de crear "Proverbio Chino"?

4. ¿Ha tratado este tema antes el director?

5. ¿Qué otros temas le interesan al director?

6. ¿Qué consejo le ofrece el director a la gente que quiere realizar un corto?

PRÁCTICA GRAMATICAL

El protagonista al final de la película dice lo siguiente a propósito del proverbio chino encontrado en la galleta de la suerte:

"Habría que conocerse mejor para perderse el miedo".

Y el texto de este proverbio atribuido a Confucio que Sergio descubre en la galleta dice:

"Entristécete no porque los hombres no te conocen sino porque tú no conoces a los hombres".

Discute con tu compañero lo que piensas que significan estos dos proverbios utilizando *expresiones impersonales de emoción y de duda con el subjuntivo*. Ej. Es bueno que la gente *viaje* y *lea* para que comprenda otras culturas.

Expresiones útiles:

Es necesario que la gente...

Es importante que la gente...

Es bueno que la gente...

Es malo que la gente...

Es probable que la gente...

Es improbable que la gente...

Es posible que la gente...

Es imposible que la gente...

Y AHORA TÚ

Otro de los aspectos que se abordan en la película es el de la apariencia: Sergio es negro, además, lleva rastas (dreadlocks), lo que le distancia más aún del pelo lacio que tienen las personas de raza china. Por lo tanto, aunque tiene experiencia laboral como camarero, no puede realizar su trabajo porque no es chino, es negro. El profesor va a dividir la clase en dos grupos para establecer un debate. Un grupo va a defender la posición de que sí se puede trabajar en un restaurante aunque se pertenezca a otra raza porque si no, se tendría una actitud racista y xenófoba. Y el otro grupo va a justificar el que solo deba trabajar gente de la misma raza en un restaurante si la comida es de ese país porque la clientela no comería en ese restaurante si no fuera así.

Figure Credits
Fig. 35.1: Source: https://www.youtube.com/watch?v=cYMFFR3kqpE.
Fig. 35.2: Source: https://www.youtube.com/watch?v=cYMFFR3kqpE.
Fig. 35.3: Source: https://www.youtube.com/watch?v=cYMFFR3kqpE.
Fig. 35.4: Copyright © 2009 by Graeme Eyre, (CC BY 2.0) at https://commons.wikimedia.org/wiki/File:Confucious_Classroom,_Nanjing_Number_1_Middle_School.jpg.

BIBLIOGRAPHY

ALBORCH, C. (2004). *Libres*. Madrid. Aguilar.

ALONSO, Mª L. y PEREIRA, Mª C. (2000)."El cine como medio-recurso para la educación en valores". En *Revista de Pedagogía Social*. Monográfico Educación Social y Medios de Comunicación, 5, (pp. 127-147).

ALVAREZ MARTIN, M. N. (2003). *Seguridad de los productos. Piercings*. Santiago de Compostela. Xunta de Galicia.

ANDRADE, B., CARRERA, M. V. y PEREIRA, M. C. (2007). Algo más que un jefe. Una propuesta de intervención pedagógica para educar en valores En VV.AA., *Cine y habilidades para la vida. Reflexiones y nuevas experiencias de educación para la salud, cine y mass-media* (pp. 178-205). Zaragoza. Dirección General de Salud Pública, Gobierno de Aragón.

BÉCQUER, G.A. (2006). Rimas y Leyendas. Madrid. Espasa-Calpe.

BONILLA, A. y BENLLOCH, I. (2000). Identidades, transformación de modelos sociales y su incidencia en el ámbito educativo. En J. Fernández (coord.), *Intervención en los ámbitos de la sexología y de la generología* (pp.135-176). Madrid. Pirámide

BUITRAGO, M. J. y PEREIRA, C. (2007). *Educar para la ciudadanía. Los valores del ocio y tiempo libre*. Málaga. Ediciones Aljibe.

CAMPS, V. (1990). *Virtudes públicas*. Madrid. Espasa Calpe.

CAMPS, V.(1995). *Los valores de la educación*. Madrid. Alauda/Anaya

CARRERA, M. y PEREIRA, M.C. (2006). Billy Elliot. Una propuesta de intervención pedagógica con el cine para educar en la igualdad de género y en las emociones. En VV.AA., *Cine y aula, promotores de salud. Nuevas experiencias de educación para la salud a través del cine* (pp.89-19). Zaragoza. Gobierno de Aragón, Dirección General de Salud Pública.

CARRERAS, LL., EIJO, P.,ESTANY, A.; GÓMEZ, MªT., GUICH, R., MIR, V., OJEDADA, F., PLANAS,T. y SERRATS, MªG. (1997). *Cómo educar en valores.* Madrid. Narcea.

CASANOVA, O. (1998). *Ética del silencio.* Madrid. Alauda-Anaya.

CORBELLA, J. (2005). *Bienestar emocional.* Barcelona. Planeta.

CRUZ, L. (coord.) (2007). *Actas da 2ª Escola de Priavera. Educación Social e Servicios Sociais.* Santiago de Compostela. Ceesg.

DAVIS, F. (1998). *La comunicación no verbal.* Madrid. Alianza Editorial, S.A.

DE ROSNAY, J. (1995). L'*homme symbiotique. Regards sur le troisiéme millénaire.* París. Seuil.

DELORS, J. (Coord.). (1996). La *educación encierra un tesoro. Informe a la UNESCO de la Comisión Internacional sobre la educación para el siglo XXI.* Madrid. Santillana. Ediciones UNESCO.

DIOS, M. (2001). *Cine para convivir.* Santiago de Compostela. Toxosoutos.

DIOS, M. (2004). *Educar los afectos y emociones.* Santiago de Compostela. Seminario Galego de Educación para a Paz. 35 / 36

ESCÁMEZ, J. y GARCÍA, R. (coords.) (2005). Educar para la ciudadanía. Programa de prevención contra la violencia de género. Valencia. Brief.

ESCÁMEZ, J. y GIL, R. (2001). *La educación en la responsabilidad.* Barcelona. Paidós.

ESCÄMEZ, J.; GARCÍA, R.; PÉREZ, C. y LLOPIS, A. (2007). *El aprendizaje de valores y actitudes.* Teoría y práctica. Barcelona. Octaedro-OEI.

GARCÍA MORIYÓN, F. (2003). Los derechos humanos y la educación del ciudadano. *Revista de Educación.* Número extraordinario Ciudadanía y Educación, pp. 131-153.

GIL, R. (2001). *Valores humanos y desarrollo personal. Tutorías de educación secundaria y escuela de padres.* Bilbao. CISSPRAXIS.

GLIK, P. y FISKE, S. (1996). The ambivalent sexism inventory: diferentiating hostile and benevolent sexism, *Journal of Personality and Social Psychology,* 70, 491-512.

GLIK, P. y FISKE, S. (1999). The Ambivalence toward Men Inventory: diferentiating hostile and benevolent beliefs about men, *Psychology of Women Quarterly,* 23, 519-536.

HOYOS, G. y MARTÍNEZ, M. (coords.) (2004). *¿Qué significa educar en valores hoy?* Barcelona. Octaedro.

IGLESIAS, L. (2006). Oportunidades del contexto local para la igualdad de género. En J.M. Esteve y J. Vera (coord.), *Educación social e igualdad de género*. Málaga. Universidad de Málaga.

LAMEIRAS, M., RODRÍGUEZ, Y., CARRERA, M.V. y CALADO, M. (2006). *Profesoras e profesores no Sistema Universitario Galego. Unha perspectiva de xénero*. Santiago de Compostela. Servicio Galego de Igualdade, Secretaría de Igualdade, Vicepresidencia de Igualdade e do Benestar, Xunta de Galicia.

LAMEIRAS, M., RODRÍGUEZ, Y., OJEA, M. y DOPEREIRO, M. (2004). *Programa coeducativo de desarrollo psicoafectivo y sexual. Programa Agarimos*. Madrid. Colección Ojos Solares, Programas.

LEY ORGÁNICA 2/2006, de 3 de mayo, de Educación (B.O.E. nº 106, de 4 de mayo de 2006).

MARINA, J. A. (2007). *Educación para la ciudadanía*. Madrid. S.M.

MARTÍNEZ, E. y SÁNCHEZ, S. (2002). *Aprender con el cine, aprender de película. Una visión didáctica para aprender e investigar con el cine*. Huelva. Grupo Comunicar.

MARTÍNEZ, M. y HOYOS, G. (coords.) (2006). *La formación en valores en sociedades democráticas*. Barcelona. Ocatedro.

MERNISSI, F. (2004). *Sueños en el umbral*. Barcelona. El Aleph.

MORÍN, E. (2000). *La mente bien ordenada*. Madrid. Paidós.

MORSY, Z. (1994). *La tolerancia. Antología de textos*. Madrid. Editorial Popular/ Ediciones Unesco.

MUÑOZ, J. (coord.) (1998). *La bolsa de los valores*. Barcelona. Ariel.

ORTEGA, P, MINGUEZ, R. y GIL, R. (1996). *La tolerancia en la escuela*. Barcelona. Ariel.

PASTOR, R. (2000). Aspectos psicosociales de la asimetría genérica: rupturas, cambios y posibilidades. En J. Fernández (coord.), *Intervención en los ámbitos de la sexología y de la generología* (217-246). Madrid. Pirámide.

PEREIRA DOMÍNGUEZ, C. (2005a). *Los valores del cine de animación. Propuestas pedagógicas para padres y educadores*. Barcelona. PPU. 36 / 36

PEREIRA DOMÍNGUEZ, Mª C. (2005b). Cine y Educación Social. En *Revista de Educación*. *MEC*. Número extraordinario. -Educación no formal-. Número 338, pp. 207-230.

SANTOS, M. A. y TOURIÑÁN, J. M. (eds.) (2004). *Familia, educación y sociedad civil.* Santiago de Compostela. Universidad de Santiago de Compostela e Instituto de Ciencias de la Educación.

SAVATER, F. (1997). *El valor de educar.* Barcelona. Ariel.

TOURIÑÁN, J. M. (1997). La racionalidad de la intervención pedagógica: explicación y comprensión. *Revista de Educación*, 314, pp. 157-186.

TOURIÑÁN, J. M (dir.) (2007). *Educación en valores, interculturalismo y convivencia pacífica.* Santiago de Compostela. ICE.

VALCÁRCEL, A. (1992). Sobre el genio de las mujeres. *Isegoría*, 6, 97-112.

VILÁ, R. (2007). *Comunicación intercultural.* Materiales para secundaria. Madrid. Narcea.

Páginas web
http://cinetecaelemental.blogspot.com
http://marcoele.com/actividades/peliculas/
https://www.profedeele.es/profesores/cortos-aula-ele-propuestas/
http://cinenclase.blogspot.com/
https://concdecine.wordpress.com/
http://www.todoele.net/actividadescine/Actividad_list.asp
https://www.profedeele.es/profesores/cortos-aula-ele-propuestas/
https://cineele.com/

APPENDIX A: SAMPLE SYLLABUS

COURSE INFORMATION AND SYLLABUS

Professor:

Office:

Office Hours:

Office Phone:

Contact Information:

Descripción del curso: Este es un curso intermedio de español. Los estudiantes que deseen tomar este curso tendrán que haber tomado español hasta un nivel intermedio alto.

El curso está diseñado para proveer una práctica intensiva al nivel avanzado en todas las competencias linguísticas, pero especialmente en conversación. La gramática, como componente de todas las competencias linguísticas, será parte integral del curso. La cultura hispana se estudiará en clase como parte esencial en el aprendizaje de la lengua.

Objetivo del curso: Aprender a conversar en español con mayor fluidez partiendo de la visualización de cortometrajes de diferentes países de habla hispana. En esta clase, el estudiante:

- practicará su comprensión auditiva en español
- aprenderá expresiones y vocablos nuevos
- repasará la gramática necesaria para conversar a argumentar, defender o rechazar ideas en español
- aumentará el conocimiento de la cultura hispana y, de esa manera, tendrá otro punto de comparación sobre la cultura propia

Textos:
Davis, María. *Vámonos al cine.* 1st ed. San Diego, CA. Cognella Academic Publishing.
Davis, María. *Vámonos al cine: Online supplementary material.* 1st ed. San Diego, CA. Cognella Academic Publishing.

Evaluación:

Participación en clase:	20%
Pruebas escritas (3):	30%
Composiciones (2)	10%
Projecto:	20%
Active Learning	20%

Calificación:

A =94-100	B =83-86	C =73-76	D =63-66
A- =90-93	B- =80-82	C- =70-72	F =0-62
B+ =87-89	C+=77-79	D+ =67-69	

Participación en clase (20%): La nota de participación se basará tanto en la preparación diaria como en la mejora del dominio del idioma por parte del estudiante (gramática, vocabulario y pronunciación). El profesor a menudo le asignará al estudiante la lectura de un artículo que aparece en el libro para discutir en la siguiente clase. El estudiante deberá haber leído la lectura y tendrá que estar preparado para discutirla con sus compañeros.

Nota: el estudiante deberá mantener una actitud positiva en clase, tanto con los compañeros, como con la profesora; igualmente, debe estar dispuesto a compartir y respetar las ideas de los demás.

El uso de teléfonos móviles está completamente prohibido en clase. El teléfono deberá estar apagado y en la mochila durante toda la clase.

Pruebas (30%): Habrán 3 pruebas escritas anunciadas de vocabulario, contenido y gramática.

Las pruebas se darán al principio de la clase, por consiguiente, es importante llegar a tiempo y no faltar a clase.

Composiciones (10%): El estudiante tendrá que escribir dos composiciones de dos páginas cada una sobre los temas que le indique el profesor. Cada composición vale un 5% de la nota final. El estudiante debe mirar el sílabus para que saber las fechas de entrega de cada composición.

Proyecto (20%): El estudiante tiene que crear tu propio cortometraje en grupos de 4 personas partiendo de uno de los temas discutidos en clase. Ej. la inmigración, las relaciones de pareja, las nuevas tecnologías y su efecto en las relaciones personales, el terror, etc. El corto tiene que tener entre 3 y 5 minutos. El estudiante debe usar el sonido, la luz y la angulación de la cámara para ayudarte a crear el efecto deseado. El estudiante tendrá todo el semestre para completar el proyecto, pero el guión (script) deberá ser entregado a su profesor en la fecha indicada en el sílabus para que el profesor se asegure de que la gramática es correcta antes de la filmación. La filmación y edición lleva mucho tiempo, por lo que el estudiante debe comenzar lo antes posible esta sección del proyecto. Para filmar, se puede usar i-movie, una aplicación del i-phone. El departamento de tecnología asistirá a los estudiantes con la edición de los cortos y con otros aspectos de la filmatogragía varias semanas antes de mostrar el producto final. Los cortos, una vez finalizados, se mostrarán en clase o en un festival de cine que el profesor organizará en el campus.

Active Learning (20%): El profesor asignará juegos y quizzes de vocabulario y gramática para hacer en casa y repasar lo aprendido en clase. El estudiante debe asegurarse de completarlo todo antes de las fechas indicadas en el sílabus.

Parámetros aproximados para obtener una nota determinada en clase:
A: hablar todos los días con muy pocos fallos de gramática y de pronunciación.
B: hablar todos los días, pero con más fallos
C: hablar poco y con bastantes fallos.
D: hablar mucho menos y con muchos fallos, o hablar mucho pero con muchos fallos básicos y elementales.
F: no hablar casi nunca, y cada vez que hable hacerlo con muchos fallos o no participar ni contribuir en absoluto, aunque se sepa o hable bien la lengua.

Asistencia a clase: Obligatoria. Sólo se permitirán tres ausencias. Dos retrasos cuentan como una ausencia.

PLAN DEL CURSO:
Este plan es solo orientativo.

Agosto

28- Presentación del curso.

30- **Tema 1: La influencia de las nuevas tecnologías en las relaciones personales**
Capítulo 1. Yo tb tq: la comunicación es más que palabras mal escritas
https://www.youtube.com/watch?v=Zf-YtUuYCDE
Gramática: Las palabras afirmativas y negativas

Septiembre

4- *Capítulo 2. Clases de ruso*
https://www.youtube.com/watch?v=cQRKB9dQ4FA
Gramática: Haber, tener, deber o poder + infinitivo

6- *Capítulo 3. ¿Quiéres ser mi amiga?*
https://www.youtube.com/watch?v=rVpInLBFc3k
Gramática: El subjuntivo de duda I

9- *Capítulo 4. Connecting People*
https://www.youtube.com/watch?v=o8hQ9dpfQCs
Gramática: El subjuntivo con oraciones de relativo

11- *Capítulo 5. Desconocidos*
https://www.youtube.com/watch?v=c4Ja8qcGVIo
Gramática: El uso del imperativo formal en singular y plural (para dar consejo)

13- **Entregar composición 1**. Tema: "La influencia de las nuevas tecnologías en las relaciones familiares".

Tema 2: Las relaciones de pareja
Capítulo 6. Los gritones
https://www.youtube.com/watch?v=7EHO7Q8FjsM
Gramática: El uso del imperativo informal en singular y en plural (para dar órdenes) I

16- *Capítulo 7. Aunque tú no lo sepas*
https://www.youtube.com/watch?v=ZmHHGjCf0Pc
Gramática: El presente perfecto de indicativo

18- *Capítulo 8. Ana y Manuel*
https://www.youtube.com/watch?v=7sGMiiXlSHM
Gramática: El uso del imperativo informal (para dar instrucciones de cómo cuidar a alguien) II

20- *Capítulo 9. Señales*
https://www.youtube.com/watch?v=j-d7cDQilj8
Gramática: Los verbos reflexivos I

23- *Capítulo 10. Diez minutos*
https://www.youtube.com/watch?v=gwmFszGS-X0
Gramática: Los verbos con significado diferente en el pretérito y el imperfecto

25- **PRUEBA ESCRITA 1**

27- *Discusión sobre el proyecto del corto. Se decide con que grupo de estudiantes se va a realizar el corto, el tema y el título*
Tema 3: Cultura y sociedad hispana
Capítulo 11. Nada que perder
(Parte 1) https://www.youtube.com/watch?v=x3on1RhSz1c
(Parte 2) https://www.youtube.com/watch?v=4a3gGCXp6SI
(Parte 3) https://www.youtube.com/watch?v=0z1eNvRlqCM
Gramática: Si + pluperfect subjuntive, condicional compound

30- *Capítulo 12. El órden de las cosas*
https://www.youtube.com/watch?v=hfGsrMBsX1Q
Gramática: Las expresiones que usan los verbos de duda en el subjuntivo II

Octubre

2- *Capítulo 13. Una feliz Navidad*
https://www.youtube.com/watch?v=LLeMELl6304
Gramática: El futuro simple

4- *Capítulo 14. El examinador*
https://www.youtube.com/watch?v=ZnwRQGHsuio
Gramática: El se impersonal y los verbos de persuación

7- *Capítulo 15. La entrevista*
https://www.youtube.com/watch?v=FvwgBzFPj0s
Gramática: El subjuntivo con oraciones temporales

9- **Tema 4: Las relaciones familiares**
Capítulo 16. Ella o yo
https://www.youtube.com/watch?v=f41Z-dq86I0
Gramática: Si + imperfect Subjunctive, conditional I

11- *Capítulo 17. La ruta natural*
https://vimeo.com/25638978
Gramática: El presente de indicativo y los verbos recíprocos.

16- *Capítulo 18. En la memoria*
https://www.youtube.com/watch?v=FzJVUjit-qo
Gramática: El uso del imperativo informal (para dar instrucciones en recetas) III

18- *Capítulo 19. As de corazones*
https://vimeo.com/30729620
Gramática: El pretérito frente al imperfecto I

21- *Capítulo 20. Beta*
https://www.lavanguardia.com/cinergia/20151207/30650553644/beta-corto-cinergia.html
Gramática: Los comparativos y superlativos

23- **PRUEBA ESCRITA 2**

25- **Tema 5: La identidad, las presiones sociales y los sueños de futuro**
Capítulo 21. La suerte de la fea, a la bonita no le importa
https://www.youtube.com/watch?v=N4BFuVXT5nU
Gramática: El se impersonal y el se pasivo

28- *Capítulo 22. No soy como tú*
https://www.youtube.com/watch?v=E4B3lq8XDdE
Gramática: Las expresiones que usan los verbos de influencia en el subjuntivo.

30- **Entrega del guión del corto**
Capítulo 23. Gol
https://www.youtube.com/watch?v=XilfsXytKj0
Gramática: Las diferencias entre el uso de pero, sino y sino que

Noviembre

1- *Capítulo 24. El sandwich de Mariana*
https://www.youtube.com/watch?v=f-8s7ev3dRM
Gramática: Los verbos reflexivos (utilizados para expresar estados de ánimo) II

4- *Capítulo 25. El número*
https://www.youtube.com/watch?v=DDoqGAKXehI
Gramática: El pretérito y el imperfecto II y las oraciones con Si + imperfect Subjunctive, conditional II

6- **Entregar composición 2.** Tema: "La historia de un objeto". Ex. "Oda a la alcachofa" de Pablo Neruda.
Tema 6: La fantasía y el terror
Capítulo 26. Viaje a marte
https://www.youtube.com/watch?v=s_vakUSfDUY
Gramática: Las diferencias entre por y para

8- *Capítulo 27. Destino*
https://www.youtube.com/watch?v=w38cerphic4
Gramática: Las diferencias en el uso de ser, estar y haber.

11- *Capítulo 28. Alma*
https://www.youtube.com/watch?v=dUH5RnBESgc
Gramática: Los verbos como gustar

13- *Capítulo 29. Mamá*
https://www.youtube.com/watch?v=uqlZUZfcwEc
Gramática: El estilo indirecto

15- *Capítulo 30. Alexia*
https://www.youtube.com/watch?v=sV8UnfFmD-Y
Gramática: El objeto directo e indirecto.

18- **Tema 7: La inmigración**
Capítulo 31. Hiyab
https://www.youtube.com/watch?v=rPj7kSJhe88
Gramática: Las expresiones y estrategias para convencer a alguien de algo.

20- *Capítulo 32. El viaje de Said*
https://www.youtube.com/watch?v=7z1xF6N6538
Gramática: El pretérito y el imperfecto III

22- **<u>Entrega del proyecto de los cortometrajes y visualización en clase (o en un festival)</u>**

25- *Capítulo 33. Namhala*
https://www.youtube.com/watch?v=_xrh3R_pe1M
Gramática: Las expresiones con verbos de emoción y de duda que usan el subjuntivo III.

Diciembre

2- *Capítulo 34. Amanecer*
https://www.youtube.com/watch?v=PTxK4woGCMc
Gramática: Las diferencias entre saber y conocer

4- *Capítulo 35. Proverbio Chino*
https://www.youtube.com/watch?v=nJg_Ru4DXVU
Gramática: Las expresiones impersonales de emoción y de duda que usan el subjuntivo IV

6- Evaluación del profesor

9- **PRUEBA ESCRITA 3**

CPSIA information can be obtained
at www.ICGtesting.com
Printed in the USA
LVHW062121010722
722588LV00001B/4